CATALOGUE

DE

LA BIBLIOTHÈQUE

DE

SAINT-THOMAS D'AQUIN.

SE VEND

AU PROFIT DE L'ŒUVRE,

DANS LE LOCAL DE LA BIBLIOTHÈQUE,

OUVERTE LES LUNDIS, JEUDIS ET SAMEDIS, DE MIDI A DEUX HEURES,

53, RUE SAINT-DOMINIQUE.

Paris,

TYPOGRAPHIE DE FIRMIN DIDOT FRÈRES, RUE JACOB, 56.

1840.

APPROBATION

DE

Monseigneur l'Archevêque.

Hyacinthe Louis de Quélen, par la miséricorde divine et la grâce du saint-siége apostolique, archevêque de Paris, etc.

La lecture des mauvais livres est si pernicieuse et cause tant de ravages dans les âmes, que c'est une œuvre très-méritoire aux yeux de Dieu d'en détourner les fidèles. Les fondateurs de la Bibliothèque de Saint-Thomas d'Aquin, à Paris, se proposant d'atteindre ce but, en fournissant les moyens d'obtenir en lecture les livres propres à conserver les bons principes et capables d'affermir dans le bien les personnes vertueuses, nous avons approuvé et approuvons, par les présentes, l'établissement de ladite Bibliothèque.

Donné à Paris, sous notre seing, le sceau de nos armes et le contre-seing du secrétaire de notre archevêché, le 24 février 1839.

† HYACINTHE, Archevêque de Paris.

Par Monseigneur l'Archevêque,
Molinier, Chanoine-Secrétaire.

AVERTISSEMENT.

Nous offrons enfin à nos lecteurs et souscripteurs le catalogue de notre bibliothèque, qui nous a été souvent demandé.
Nous en avions différé jusqu'ici la publication, dans l'espoir
de le rendre plus complet par de nouvelles acquisitions, et
peut-être aurions-nous attendu encore, pour le même motif ;
mais pouvant le compléter successivement par des suppléments
imprimés chaque année, selon l'étendue de nos ressources, et
plus tard refondus ensemble, nous préférons, pour le moment, répondre aux justes et nombreux désirs qui nous sont
exprimés. Tel qu'il est, d'ailleurs, ce catalogue suffira pour
faire connaître et apprécier notre bibliothèque par le choix,
par la variété des ouvrages instructifs, intéressants et même
amusants qui la composent.

Ce n'est encore, il est vrai, qu'un commencement, une
ébauche ; mais c'est le commencement d'une œuvre qui peut
acquérir les développements les plus précieux et les plus salu-
taires. Voilà pourquoi nous appelons ici l'attention de toute
personne amie véritable de la religion, des saines doctrines,
de l'ordre et de la prospérité publique. Car, nous le disons

sans hésiter, l'œuvre des bons livres est certainement une des plus importantes, parce que c'est une œuvre éminemment chrétienne et sociale, une œuvre de régénération pour les vrais principes, pour la foi et pour les mœurs. On le reconnaîtra sans peine si l'on veut la juger, non par le sentiment ou par l'amour-propre, mais dans son objet et dans son but.

Un mal profond et inquiétant pour l'avenir travaille la société et semble la miner peu à peu. Les hommes graves et réfléchis de toutes les opinions en sont préoccupés : on le répète de toutes parts, non pas seulement dans les chaires chrétiennes, mais dans les sociétés particulières et dans les assemblées publiques, à la tribune législative, dans ces ouvrages mis au concours et rédigés pour étudier ce qu'on appelle les classes dangereuses de la population des grandes villes et les moyens de les améliorer. Partout et dans toutes les classes on voit avec effroi un esprit prononcé d'égoïsme et d'indépendance, l'oubli de la justice et de la probité; et ce qu'il y a de plus funeste encore, l'impiété, la licence, l'abandon des principes religieux, seuls capables, de l'aveu des hommes les moins suspects, de rétablir l'équilibre et de nous rendre la sécurité. Le mal est certain, avéré; les causes ne le sont pas moins pour quiconque veut voir et juger sans prévention. Une des principales et des plus dangereuses, ce sont les mauvais livres ; c'est la mauvaise presse qui multiplie et propage le poison dévastateur des doctrines subversives, qui fausse les intelligences, pervertit les cœurs, corrompt la foi et les mœurs.

Cette presse, dirigée par la philosophie moderne, s'est posée en rivale de l'autorité divine et de la puissance temporelle. Semblable à ces feux souterrains qui creusent les abîmes, dévorent les entrailles de la terre ou les dispersent dans les airs, elle ravage et consume les fondements de toute société. La religion catholique, l'Église de France, les pouvoirs de l'État sont le but de ses traits et de ses attaques journalières. Destinés d'abord aux intelligences plus élevées, les mauvais livres sont descendus aux classes populaires et multipliés presqu'à l'infini (1). « C'est un torrent qui, du haut des montagnes dont il a déchiré les flancs, s'est précipité dans les vallées, répandu dans les places publiques, couvrant la terre de son limon impur. Des procédés de fabrication plus expéditifs et moins dispendieux, un fonds commun largement doté par une ardente propagande, ont permis au prosélytisme de l'impiété ou de l'hérésie de livrer ses produits à vil prix. Le poison a circulé non plus seulement par les gros livres que les hommes de loisir et d'étude peuvent seuls digérer, mais par ces feuilles légères, par ces éditions à bon marché que tout le monde lit, et qu'une presse infatigable jette incessamment, comme leur pain de chaque jour, à toutes les intelligences. Il n'est plus nécessaire d'aller à la rencontre du mal. Les bons livres se font chercher; les livres corrupteurs, sans parler de l'attrait qu'ils présentent aux mauvais instincts de notre nature, n'attendent pas qu'on les désire : ils viennent d'eux-mêmes frapper à notre porte, se placer sous nos yeux et dans nos maisons. » Les cabinets de lecture, les librairies ambulantes, les publications à tous les prix et sous toutes les formes, pullulent de toutes parts autour de nous. La fécondité malheureuse de ces auteurs qui ne respectent ni les principes ni les mœurs, le génie mercantile des spéculateurs en librairie, nous inondent encore, tous les jours, d'une foule d'écrits impies et licencieux, infectés de doctrines antisociales, remplis de perfides insinuations ou d'attaques grossières contre la religion et ses ministres. La dissémination de ces écrits, l'avidité de la multitude à les rechercher et à les lire, les maux qu'ils ont causés, sont des faits malheureusement trop avérés et trop publics pour qu'il soit possible de les révoquer en doute.

Mais en présence du mal, les gens de bien, les hommes d'avenir, seront-ils simples spectateurs ? se contenteront-ils de

______

(1) Instruction pastorale de monseigneur l'évêque de Rodez, pour l'établissement de bibliothèques paroissiales dans son diocèse.

gémir? laisseront-ils la contagion se répandre et ravager les parties encore saines du corps social? Qu'on y prenne garde, il est de la plus haute importance, dans l'intérêt de la morale, de la société, de la tranquillité publique, de conjurer le danger; maintenant surtout qu'un besoin immense travaille plus que jamais toutes les classes, celui de lire et d'apprendre. L'instruction primaire, plus étendue, le développe chaque jour jusque dans les rangs du peuple; et pour que cette instruction soit un bienfait, il est d'une utilité extrême, d'une absolue nécessité, de lui fournir un aliment sain et salutaire, sous peine de voir les mauvais livres, comme un torrent débordé, causer les plus affreux ravages. Si l'on ne peut en arrêter le cours, du moins peut-on le contenir et le resserrer dans des bornes plus étroites. Qu'on en recherche les moyens: c'est un devoir pour tous, parce que tous y sont intéressés; et l'on reconnaîtra qu'un seul nous est laissé. La nature même de l'attaque nous l'indique assez: combattre le poison par l'antidote; repousser les livres par les livres; offrir à tous ceux qui ont le désir et le temps de lire, assez de lectures solides et variées pour leur ôter la tentation d'en faire de mauvaises ou de dangereuses; rassembler ce que la presse consciencieuse a produit d'ouvrages plus substantiels, plus purs, plus intéressants en fait de religion, de littérature, d'arts et de sciences utiles. Enfin, pour épargner à la plupart des lecteurs des dépenses et l'embarras du choix au milieu du nombre infini d'écrits de tout genre offerts à leur curiosité, que des mains prudentes et dévouées s'appliquent à séparer l'or pur d'un ignoble alliage et à former des bibliothèques uniquement composées de livres dignes du suffrage des honnêtes gens. Ainsi le goût des bonnes lectures rendues plus faciles s'étendra peu à peu; ainsi plusieurs éprouveront que de bons livres peuvent également préserver de l'ennui et procurer de douces jouissances; ainsi les romans corrupteurs seront moins dévorés; ainsi la diffusion des lumières tournera au profit de la vérité et de la vertu.

Ce moyen de préservation et de salut a été compris depuis longtemps, et a donné l'idée de diverses entreprises utiles pour la propagation des bons livres. Leurs avantages sont tellement reconnus, que la plupart ont obtenu les plus heureux succès soit dans la capitale, soit dans les provinces. Cependant, si on les examine de près, l'on verra que toutes se réduisent à deux faits principaux : impression et distribution d'ouvrages. L'impression et le don de bons livres entraîneraient des dépenses énormes. L'établissement de bibliothèques pour une ville, pour une paroisse, et composées selon le genre de la localité, nous paraît être le mode de propagation le plus convenable, parce qu'il réunit quatre caractères d'un immense avantage : utilité dans ses résultats, simplicité dans son organisation, économie dans ses dépenses, unité dans son ensemble. Utilité dans ses résultats : nos observations précédentes le démontrent assez. Simplicité dans son organisation : il suffit d'une seule bibliothèque ouverte à tout le monde, et par conséquent d'un bibliothécaire qui prête les livres à toute personne connue ou recommandée. Économie dans les dépenses : une bibliothèque est certainement le mode de propagation qui en exige le moins. Dans les autres entreprises, chaque livre doit être acheté par celui qui veut le lire ou le faire lire, et encore n'est-il souvent profitable qu'à une seule personne ou à quelques membres de la famille, pour être relégué ensuite parmi les meubles inutiles; tandis que dans une bibliothèque, un livre une fois acheté est conservé avec soin : après avoir été lu, il est rapporté pour être encore prêté successivement à un nombre indéterminé de lecteurs. Enfin unité dans l'ensemble : on le comprend assez sans développements (1).

Il a été donné à la ville de Bordeaux de voir se former dans ses murs une œuvre de ce genre et des plus fécondes en résultats. Le chiffre de 55,000 volumes rassemblés pour la ville et

______

(1) L'on peut consulter le rapport sur l'œuvre des bons livres de Toulouse, du 22 juin 1835.

le diocèse, honore à la fois les pieux fondateurs de cette bibliothèque et le zèle des fidèles qui les ont aidés et encouragés par leurs offrandes. D'autres villes, parmi lesquelles nous citerons Toulouse, Poitiers, Cambrai, etc., etc., ont vu s'établir la même œuvre avec des succès analogues. Un des prélats les plus distingués de France (1) vient d'ordonner l'établissement de ces bibliothèques dans toutes les paroisses de son diocèse où l'exécution en serait possible. Conviendrait-il donc qu'à Paris, centre du bien et du mal, où se font la plupart des publications bonnes ou mauvaises, où le danger nous menace de plus près, nous restassions simples admirateurs de cet élan des provinces ? Et s'il est une paroisse qui puisse donner l'exemple, c'est bien sans doute celle de Saint-Thomas d'Aquin, qui offre tant de ressources pour le bien, qui réunit tant de personnes capables d'apprécier une œuvre si excellente et de la soutenir. C'est cette pensée qui nous a fait tenter, depuis quelques années, un premier essai : des succès réels ont été obtenus, et nous touchons au moment d'arriver aux plus précieux résultats, si nous sommes compris et secondés. Nous ajouterons que nous sommes en mesure de prouver matériellement que cette œuvre doit réussir à Paris autant que dans les provinces : elle y est d'ailleurs plus nécessaire, puisque le poison y est plus répandu, qu'il s'y propage de toutes les manières et y cause de plus funestes ravages.

Dans notre bibliothèque de Saint-Thomas d'Aquin, l'on trouvera, en proportion de nos ressources, tous les bons livres qui peuvent orner la mémoire, délasser l'esprit, éclairer l'intelligence sans gâter le cœur. Déjà, comme on le verra par le catalogue, elle peut offrir aux lecteurs un choix assez considérable et varié d'ouvrages de religion, de morale, de littérature, de poésie, d'histoire, de voyages; des livres instructifs et amusants, sous toutes les formes. Notre pensée

(1) Monseigneur l'évêque de Rodez ; Instruction pastorale du 2 février 1839.

dominante étant de prévenir le danger des mauvais livres, d'en combattre la lecture en offrant aux personnes de bonne volonté les moyens de se procurer facilement de bons ouvrages, nous admettrons tous ceux qui sont sagement écrits, qui peuvent plaire et instruire, servir au délassement de l'esprit comme au progrès de la science : nous n'excluons, mais avec rigueur, que ceux qui contiennent des choses contraires à la foi ou aux mœurs.

Les ouvrages qui composent notre bibliothèque proviennent des dons soit en livres, soit en argent, qui lui sont faits par des personnes généreuses et amies du bien. Chacun peut, selon ses moyens, contribuer à une œuvre si excellente ; mais ne devons-nous pas surtout réclamer avec instance le concours et l'offrande des riches, de toutes les personnes de zèle et de foi, de tous ceux qui voient le mal et qui souhaitent qu'on y porte un prompt remède ? Ne saurons-nous point nous animer d'un esprit de prosélytisme pour le bien, en présence de celui qui propage l'erreur sous nos yeux avec tant d'activité ? La société Biblique, par exemple, reçoit jusqu'à *cinq millions* par an pour une œuvre de mensonge et de mort ! Nous demandons beaucoup moins pour une œuvre de régénération et de vie. Mais plus nous aurons de ressources et plus le bien sera grand. Et qu'on ne dise pas que l'on n'a point besoin de nos livres, pour quelque raison que ce soit. Donnez encore, et aidez-nous du moins à en procurer de bons à ceux qui, privés de cette ressource, n'en liraient peut-être que de mauvais. Ce sera certainement une bonne œuvre des plus utiles.

Nos livres sont prêtés, moyennant une modique souscription, à tous ceux qui peuvent la donner. Ils sont encore prêtés gratuitement à toutes personnes qui veulent consacrer quelques moments chez elles et dans l'intérieur de leurs familles à des lectures instructives et intéressantes ; pourvu toutefois que les lecteurs qui se présentent soient connus ou recommandés par une personne connue, notamment par M. le curé ou par MM. les prêtres de la paroisse ou des paroisses les plus voisines. L'on comprend l'utilité de cette mesure. Une personne inconnue devrait déposer une consignation en garantie du volume prêté, comme il se pratique dans les cabinets de lecture. A ces conditions, on est admis à jouir des avantages de notre bibliothèque, et les lecteurs reçoivent une carte (1) qui leur donne le droit d'échanger leurs livres aussi souvent qu'ils le désirent. Ils ne contractent d'autres obligations que celles de rendre les livres aussitôt après la lecture et au temps prescrit par le règlement, pour qu'on puisse les prêter à d'autres, comme aussi de les conserver proprement et avec soin. Toute personne raisonnable jugera sans peine que si un lecteur venait à égarer ou à endommager notablement un volume, il serait de la justice de le remplacer; et que si c'est un ouvrage en plusieurs volumes, il devrait répondre de l'ouvrage entier.

Le catalogue que nous publions peut avoir plus d'utilité qu'on ne pense, non-seulement pour la commodité des lecteurs, mais parce que c'est aussi un moyen facile de mettre à la portée de tous la connaissance des bons livres. Le père y apprendra ceux qu'il peut donner à son fils, la mère ceux qu'elle peut confier sans danger à sa fille. Il sera utile à toute personne qui désire n'acheter, lire ou faire lire, que des livres dont les doctrines sont à l'abri de tout soupçon; à l'instituteur ou à l'institutrice qui y trouveront un choix de prix pour leurs élèves (2); au libraire lui-même qui s'en aidera pour

_____

(1) S'adresser, pour obtenir cette carte, à M. l'abbé des Billiers, directeur, ou à l'une des personnes qui forment le conseil de l'œuvre.

(2) Il serait bien important qu'on voulût consulter ainsi des guides sûrs et éclairés, lorsqu'on ne peut examiner soi-même et juger sainement cette foule de petits ouvrages que quelques libraires s'empressent d'offrir si officieusement. L'on ne serait pas si souvent dupe d'un titre trompeur, et l'on ne verrait pas se répandre dans les familles, même chrétiennes, de fades historiettes prétendues morales, d'insipides ou de dangereuses compilations livrées à l'enfance ou à la jeunesse par des apprentis philosophes, et qui gâtent l'éducation plus qu'on ne l'imagine; dans lesquelles les opinions les plus hasardées, une sensiblerie de mauvais goût, ou une

l'acquisition de ces livres, qu'on pourra lui demander à acheter après les avoir lus à la bibliothèque. Enfin les personnes amies de l'œuvre connaîtront les ouvrages dont elles pourraient faire don à la bibliothèque, si elles les possèdent (1).

Nous aurions pu rendre ce catalogue peut-être plus utile encore, soit en classant les ouvrages par ordre de matières, soit en désignant par des signes indicatifs les différentes classes de lecteurs auxquels ils peuvent convenir davantage; mais outre que ce travail présente plus d'un genre de difficultés, nous ne pensons pas qu'il soit indispensable pour le moment. Le titre même de l'ouvrage porte déjà avec lui une indication à laquelle les lecteurs ne se trompent guère, et ils ont aussi la faculté de demander conseil, ce que nous leur recommandons pour mieux utiliser leurs lectures. D'ailleurs, nous aurons à donner successivement plusieurs suppléments que nous serons forcés un jour de refondre ensemble, et à cette époque nous pourrons nous occuper de ce classement auquel nous reconnaissons, il faut le dire, de vrais avantages. Pour cette fois, nous avons cru pouvoir nous borner à un ordre purement alphabétique.

Nous espérons, avec quelque confiance, que ce premier travail, en attestant les accroissements d'une œuvre si excellente, pourra contribuer à lui en procurer de nouveaux. Nous invitons encore les personnes sincèrement animées de l'amour du bien à en favoriser les progrès et à nous seconder. Leur zèle doit être encouragé par les bons résultats qu'elle a déjà produits, par les services importants qu'elle peut rendre dans l'avenir, et par cette pensée qu'une bonne action a toujours

vague religiosité, sont mises à la place des idées saines et des doctrines religieuses vraiment chrétiennes et catholiques.

(1) Nous recevrons toutes sortes d'ouvrages, sans distinction. S'ils ne remplissent pas absolument nos vues, on pourra les utiliser par voie d'échange; et, s'ils sont dangereux et nuisibles, on produirait, en les détruisant, un bien immense.

son mérite et sa récompense devant Dieu. Ceux mêmes des lecteurs qui sont admis à titre purement gratuit, comprendront que l'œuvre dont ils profitent, eux et leurs familles, ne peut se soutenir et faire face à toutes ses dépenses qu'à l'aide de dons volontaires ; et s'ils peuvent y contribuer en quelque manière, leurs offrandes les plus minimes seront reçues avec autant de reconnaissance que les offrandes plus abondantes des personnes riches, parce qu'elles ont toutes leur mérite proportionnel.

AVIS TRÈS-ESSENTIEL.

Il est important de bien remarquer que les titres de quelques ouvrages sont suivis de cette initiale (R.) : ce signe indique les ouvrages qu'on ne doit prêter ou lire qu'avec *réserve* ; ceux qui, quoique bons en eux-mêmes, ne conviennent pas à toutes sortes de personnes. Nous avons désigné de la même manière, ou par le nom du libraire-éditeur, quelques ouvrages que toute personne ne peut lire indifféremment sans quelque danger. Nous devons en prévenir pour qu'on ne s'y trompe pas ; il ne faut accorder une entière confiance, pour ces sortes d'ouvrages, qu'aux éditions que nous avons indiquées, ou même aux exemplaires déposés à notre bibliothèque. L'on pourra nous consulter si l'on veut obtenir une direction plus complète à cet égard.

BIBLIOTHEQUE

DE

SAINT-THOMAS D'AQUIN.

A.

ABEILLE (L') POÉTIQUE de la jeunesse; choix des sujets les plus remarquables de la poésie française ancienne et contemporaine; par A. M. Gui. 1 vol. in-18.

ABRÉGÉ DE L'HISTOIRE GÉNÉRALE DES VOYAGES; par J. F. de la Harpe, ÉDITION REVUE ET CORRIGÉE par le baron de Roujoux. 30 vol. in-8°.

ABRÉGÉ DE L'HISTOIRE D'ESPAGNE; par Desormeaux. 5 vol. in-12.

ABRÉGÉ DES MÉMOIRES, pour servir à l'histoire du jacobinisme; par Barruel. 2 vol. in-12.

ABRÉGÉ DE LA VIE DES SAINTES FEMMES. 2 vol. in-12.

ACTES (LES VÉRITABLES) DES MARTYRS; par Dom Ruinart. 3 vol. in-12.

ADÉLAÏDE DE WISTBURY ou la Pieuse pensionnaire. 1 vol. in-12.

ALBUM SAVOYARD et Essai sur l'œuvre des Savoyards; par Mgr Dupuch, évêque d'Alger. 2 vol. in-12.

ALPHONSE DE MIRECOURT, ou les Préventions contre la religion vaincues; par M. d'Exauvillez. 1 vol. in-18.

AME (L') **AFFERMIE DANS LA FOI** ; par Baudrand. 1 vol. in-12.

AME (L') **CHRÉTIENNE** formée par les maximes de l'Évangile. 1 vol. in-12.

AME (L') **ÉLEVÉE A DIEU** ; par Baudrand. 2 vol. in-12.

AMÉRICAINES (LES) , ou Preuves de la religion chrétienne par les lumières naturelles ; par madame Leprince de Beaumont. 6 vol. in-12.

AMOUR (DE L') **DE DIEU** ; par le P. Pallu. 1 vol. in-12.

ANNALES LITTÉRAIRES, ou Choix chronologique des principaux articles de littérature ; par Dussault. 5 vol. in-8°.

ANNALES DU MOYEN AGE, ou Histoire des temps qui se sont écoulés depuis la décadence de l'empire romain jusqu'à la mort de Charlemagne ; par M. Frantin. 8 vol. in-8°.

ANTIQUITÉS (LES) **DE L'ÉGLISE SAXONNE** ; par John Lingard. 1 vol. in-8°.

ANTOINE ET MAURICE. 1 vol. in-12.

ANTOINE, ou le Retour au village. 1 vol. in-12.

APOLOGÉTIQUE (L') **DE TERTULLIEN.** 1 vol. in-12.

APOLOGIE DE L'INSTITUT DES JÉSUITES ; par Cerutti. 1 vol. in-12.

APOLOGISTES (LES), ou la Religion prouvée et défendue par ses amis comme par ses ennemis ; par Merault. 1 vol. in-12.

APOLOGISTES (LES) **INVOLONTAIRES**, ou la Religion prouvée et défendue par les objections même des incrédules ; par le même. 1 vol. in-12.

ART (L') **DE RENDRE HEUREUX** tout ce qui nous entoure, ou Petit traité sur le caractère; par l'abbé Carron. 1 vol. in-18.

ART (L') **DE SE CONNAÎTRE SOI-MÊME** ; par Abbadie. 1 vol. in-12.

AUGUSTE ET VICTORINE. 1 vol. in-18.

AUX INCRÉDULES ET AUX CROYANTS, L'ATHÉE REDEVENU CHRÉTIEN ; ouvrage posthume de M. Delauro-Dubez, conseiller à la cour royale de Montpellier. 1 vol. in-8°.

AVIS D'UNE MÈRE à son fils et à sa fille ; par madame de Lambert. 1 vol. in-18.

B.

BEAU (LE) SOIR DE LA VIE, ou Traité sur l'amour de Dieu; par l'abbé Carron. 1 vol. in-18.

BEAUTÉS DES ÉTUDES ET DES HARMONIES de la nature; par A. M. Quibel. 1 vol. in-12.

BEAUX TRAITS DU JEUNE AGE. 1 vol. in-12.

BIBLE (LA SAINTE), traduite en français avec des explications sur le sens littéral et spirituel; par le Maistre de Sacy. 32 vol. in-8°.

BIBLE (LA SAINTE) vengée des attaques de l'incrédulité et justifiée de tout reproche de contradiction avec la raison ; par l'abbé du Clot. 3 vol. in-8°.

BIBLIOTHÈQUE CHOISIE DES PÈRES DE L'ÉGLISE grecque et latine, ou Cours d'éloquence sacrée; par Mgr. M. N. S. Guillon. 26 vol. in-8°.

BIBLIOTHÈQUE DE LA JEUNESSE CHRÉTIENNE, publiée à Tours chez Mame, avec l'approbation de Mgr. l'archevêque, et contenant les ouvrages suivants :

FORMAT IN-12.

Abrégé de l'histoire des chevaliers de Malte.	Histoire de Jeanne d'Arc.
Abrégé de tous les voyages pôle-nord.	Histoire de la chevalerie.
Aventures de Fernand Cortez.	Histoire de Venise.
Aventures de Robinson Crusoë. 2 vol.	Paul ou les Effets d'un caractère faible.
Chronique de Grégoire de Tours.	Robertson (le) de la jeunesse.
Histoire de Charlemagne et de son siècle.	Voyages autour du monde. 2 vol.
Histoire de Charles-Quint.	Voyages dans l'Afrique.
	Voyages de Christophe Colomb.
	Voyages du capitaine Cook.

FORMAT IN-18.

André, ou Bonheur dans la piété.	Caroline, ou l'Orpheline de Jurançon.
Antonio, ou l'Orphelin de Florence.	Chaumière (la) irlandaise.
Bastien, ou le Dévouement filial.	Clotilde, ou l'Elève des sœurs.
Braconniers (les).	École (l') du hameau.

Émigrants (les) au Brésil.	Henri et Marie.
Emma, ou le Modèle de la piété.	Jénoseph, ou Vertu, jeunesse et adversité.
Famille (la) africaine.	Laure, ou la Jeune émigrée.
Famille (la) Sismond.	Lydia, ou la Jeune Grecque.
Félix, ou la Vengeance du chrétien.	Maria, ou Confiance en Dieu.
Florestine, ou la Religion dans l'infortune.	Marthe, ou la Sœur hospitalière.
Frédéric, ou l'Ermite du mont Atlas.	Mélanie et Lucette.
Gustave et Eugène.	Soirées (les) romaines.

BIBLIOTHÈQUE CATHOLIQUE, publiée à Lille, chez L. Lefort.

FORMAT IN-18.

Adèle, ou la Pieuse villageoise.	Considérations affectueuses.
Adolphe, ou la Conversion.	Correspondance de famille sur le choix des amis.
Aimable (l') joug du Seigneur.	Croix (la) de la forêt.
Album du jeune botaniste.	Dangers de la légèreté.
Amis (les) du régiment.	Derniers jours du condamné Félix Robol.
Anecdotes religieuses.	
Ange (l') consolateur.	Deux (les) amis, ou Entretiens sur la religion.
Antoine, ou le Bon père de famille.	Devoirs du jeune chrétien.
Arthur Daucourt.	Dieu me voit.
Artisan (l') chrétien, ou la Vie du bon Henri.	Dimanche (le) utilement employé.
Auguste.	Douceur (de la) chrétienne.
Augustine, ou les Avantages d'une éducation chrétienne.	Drames et proverbes.
Avantages d'une éducation chrétienne.	Église (de l') catholique.
	Entretiens d'un berger et d'un missionnaire.
Avertissements de la Providence.	Entretiens familiers.
Bibliothèque de Saint-Gervais.	Espérance (l').
Bienfaits de la Providence.	Essais dramatiques et moraux.
Bienfaits des missionnaires.	Exemples de confiance en Dieu.
Bonheur des époux chrétiens.	Exemples de vertu.
Bonheur d'une famille chrétienne.	Famille (la) du fermier Simon.
Bonne (la) mère de famille.	Famille (la) heureuse.
Cabane (la) du pêcheur.	Fidélité (la) bénie.
Caverne (la) de la forêt.	Florence, ou Modèle de la piété.
Charité (la).	Foi (la).
Charmes (les) de la société du chrétien.	Heureux (les) fruits de la vertu.
Choix des poésies inédites de Silvio Pellico.	Histoire de Jérôme, ou le Malin dupe de ses malices.
Chrétien (le) consolé.	Histoire de Joseph.
Conseils d'une mère chrétienne à sa fille.	Honnête (l') marchand.
	Importance de la prière.
Conseils et exemples.	Isala, suite d'Arthur Daucourt.

Isabelle de Nesle.
Isidore, ou le Fervent laboureur.
Jeune (le) ouvrier, ou Souvenirs de la vie de Léandre Vandrisse.
Jeune (la) vierge.
Jeunes (les) héros chrétiens.
Jour (le) des Morts.
Lettres de Léandre à Théophile.
Lorenzo, ou l'Empire de la religion.
Marie et son père.
Marraine (la) et la filleule.
Martyr (le) du secret de la confession.
Martyres (les) des confesseurs de la foi.
Moraliste (le) du premier âge.
Moralité et allégorie.
Nathalie.
Naufrage (le), ou l'île déserte.
Nouveau (le) Tobie.
Nouveaux essais dramatiques.
Observation (de l') des commandements.
Pauvre (le) orphelin.
Petit (le) Savoyard.
Princesses (les) de France, modèles de vertu.
Plaidoyer religieux.
René, ou la Véritable source du bonheur.
Retour de l'enfant prodigue.
Retour (le) en Savoie.
Rosario.
Route (la) du ciel.
Sacrifice (le) de l'autel.
Sentiments chrétiens.
Serviteurs (les) vertueux.
Silva ou l'Ascendant de la vertu.
Soirées (les) artésiennes.
Solitaires (les) d'Isola Doma.

Stéphanie et Lucie.
Suites funestes des mauvaises lectures.
Souvenirs d'Italie.
Tableau de la naissance du protestantisme.
Thérèse, ou la Pieuse ouvrière.
Traits édifiants.
Traits remarquables tirés de l'histoire de l'Église.
Trésors (les) de la grâce.
Triomphe de l'amour maternel.
Triomphe de la piété filiale.
Triomphe de l'humilité, ou Vie de B. Joseph Labre.
Un ange de la terre.
Un enfant de Marie.
Vacances (les), ou Lettres de deux amis.
Variétés instructives et morales.
Veillées (les) amusantes.
Veillées (les) du village.
Vérités (les) de la foi.
Vertus (les) de Marie; par Liguory.
Vertus et bienfaits du clergé de France.
Victorine et Eugénie.
Vie de la Bienheureuse d'Amboise.
Vie de la Feuillade.
Vie de Louis XVII.
Vie de saint François de Sales.
Vie de saint Louis.
Vie de M. de Renty.
Vie de M. de la Salle, instituteur des frères de la doctrine chrétienne.
Vie de sainte Madeleine.
Voyage à Hippone.

BIBLIOTHÈQUE INSTRUCTIVE ET AMUSANTE, Collection de petits ouvrages, publiés chez Gaume frères.

FORMAT IN-18.

Adalbert, ou l'Anacharsis chrétien.
Adélaïde de Lichtemberg.
Alexandre, ou les Avantages d'une éducation chrétienne.

Alger, ou les Côtes d'Afrique.
Alphonse et Philippe.
Ame (l') consolée, ou Madame de Montmorency à Moulins.

2

Anselme, ou le Mendiant.
Automne (l').
Bienfaits de la religion.
Bouquet (le) de roses.
Cécile, ou la Jeune organiste.
Choix de poésies de Silvio Pellico.
Christine, ou la Religion dans le malheur.
Compagnons (les) d'enfance.
Conversations entre une mère et ses enfants sur la religion.
Delphine, ou la Langue sans frein.
Déodat, ou l'Ascendant de la religion.
Deux (les) apprentissages.
Deux (les) ateliers.
Empire (l') du bon exemple.
Ernest et Louis, ou Douceur et colère.
Espérances trompées.
Été (l').
Ferdinand, Histoire d'un jeune comte espagnol.
Georges et Prosper.
Gustave et Lucien.
Hélène, ou la Jeune institutrice.
Histoire des croisades.
Histoire de saint Augustin.
Histoire du mont Valérien.
Hiver (l').
Itinéraire de la terre au ciel.
Instruction et éducation.
Intérieur d'une famille chrétienne.
Jeanne de Montmorency.
Justine, ou la Piété filiale.
Lucia Mondella, tiré des Fiancés de Manzoni.

Madame Herbert, ou la Religion mise à la portée de tout le monde.
Marie et Juliette.
Marie et Laure.
Mer (la), ou Histoire des naufrages.
Michel et François.
Olympe et Adèle.
Orpha, ou la Fille du croisé.
Pauline, ou Courage et prudence.
Pèlerinage (abrégé) d'une jeune fille à Jérusalem.
Peters, ou Épisodes d'un voyage en Suisse.
Placide et Narcisse.
Portefeuille (le) rose.
Printemps (le).
Quatre histoires.
Récits et impressions de voyage.
Religion (la) présentée au cœur.
Résignation.
Rose et Lucie, ou Candeur et duplicité.
Tendresse (la) maternelle.
Ulric, ou le Triomphe de la confession.
Un pèlerinage, ou Élisa de Belmont.
Valentine, ou l'Ascendant de la vertu.
Veillées gauloises.
Vétérans (les).
Voyage en Italie.
Vie de saint Bernard.
Vie de sainte Adélaïde.
Vie de sainte Geneviève.
Vie de saint Henri, empereur.
Vie du jeune Henri Comarmon.
Vieux (le) de la montagne.

BON (LE) CURÉ; par M. d'Exauvillez. 1 vol. in-18.

BON (LE) PAYSAN; par le même. 1 vol. in-18.

BOURBONS (LES) DE GORITZ et les Bourbons d'Espagne; par le comte de Custine. 1 vol. in-8°.

C.

CAPTIVITÉ DE LOUIS XVI, Journal de Cléry. 1 vol. in-12 et in-18.

CARACTÈRES (LES) DE LA BRUYÈRE, *édition de Mame*, à Tours. 1 vol. in-12.

CATÉCHISME SPIRITUEL du P. Surin. 2 vol. in-12.

CERTITUDE DES PREUVES DU CHRISTIANISME; par Bergier. 1 vol. in-12.

CHANTS HISTORIQUES, extraits des poésies inédites de Silvio Pellico. 1 vol. in-12.

CHARITÉ (LA) considérée dans son principe, ses applications et son influence sur les mœurs et l'économie sociale; par Renvoisé. 1 vol. in-12.

CHARITÉ (LA) ENVERS LE PROCHAIN, ses motifs et ses devoirs; par le P. Pallu. 1 vol. in-12.

CHARLES ET EUGÉNIE, ou la Bénédiction paternelle. 2 vol. in-18.

CHÂTEAU (LE) DE MALPERTUS, Conversations sur les commandements; par M. d'Exauvillez. 1 vol. in-18.

CHRÉTIEN (LE) CATHOLIQUE inviolablement attaché à sa religion; par N. J. A. de Diessbach. 1 vol. in-12.

CHRÉTIEN (LE) INCONNU, ou Idée de la vraie grandeur du chrétien; par H. M. Boudon.

CHRIST (LE) DEVANT LE SIÈCLE, ou Nouveaux témoignages des sciences en faveur du catholicisme; par Roselly de Lorgues. 1 vol. in-12.

CHRISTIADE (LA), poëme épique de M. J. Vida, évêque d'Albe; première traduction française; par M. de Latour. 1 vol. in-8°.

CLERGÉ (LE) DE FRANCE, ou Beaux exemples donnés par des prêtres. 1 vol. in-12.

CLOTILDE, ou Nouvelle civilité. 1 vol. in-12.

COMTE (LE) DE VALMONT, ou les Égarements de la raison ; par l'abbé Gérard. 6 vol. in-12.

COMTE (LE) DE VARFEUIL, ou les Combats de la foi dans l'adversité; par M. d'Exauvillez. 1 vol. in-8°.

CONFESSEURS (LES) DE LA FOI pendant la révolution. 4 vol. in-8°.

CONFESSIONS (LES) DE SAINT AUGUSTIN. 2 vol. in-12. (R.)

CONNAISSANCE (DE LA) DE DIEU ET DE SOI-MÊME; par Bossuet. 1 vol. in-8° ou in-12.

CONNAISSANCE (DE LA) ET DE L'AMOUR de N. S. Jésus-Christ; par le P. Pallu. 1 vol. in-12.

CONSEILLER (LE) DES FAMILLES, publication mensuelle en 1832-33. 3 vol. in-18.

CONSIDÉRATIONS SUR LA FRANCE; par M. le comte Joseph de Maistre. 1 vol. in-8°.

CONSIDÉRATIONS sur la propagation des mauvaises doctrines. 1 vol. in-12.

CONSIDÉRATIONS SUR LES ŒUVRES DE DIEU, dans le règne de la nature et de la providence, traduit de l'allemand de Sturm. 3 vol. in-12.

CONSOLATION (LA) DU CHRÉTIEN; par l'abbé Boissard. 2 vol. in-12.

CONSOLATIONS (LES) DE LA RELIGION dans la perte des personnes qui nous sont chères; par M. O. M. Louis Provana de Collegno. 1 vol. in-18.

CORRESPONDANCE D'ORIENT, 1830-31; par MM. Michaud et Poujoulat, 7 vol. in-8°.

COURS (NOUVEAU) D'HISTOIRE DE FRANCE; par A. Mazas. 4 vol. in-8°.

COURS DE LITTÉRATURE profane et sacrée; par F. J. Collombet. 4 vol. in-8°.

COUVENT (LE) DE SAINT-LAZARE à Venise, ou Histoire succincte des méchitaristes arméniens; par M. Eugène Boré. 1 vol. in-12.

CRUZAMANTE, ou la Sainte amante de la croix. 1 vol. in-12.

D.

DÉFENSE DE LA MORALE CATHOLIQUE contre l'histoire des républiques italiennes de M. Sismondi; par Manzoni. 1 vol. in-12.

DÉFENSE DU CHRISTIANISME, ou Conférences sur la religion; par M. de Frayssinous. 4 vol. in-12.

DÉISME (LE) RÉFUTÉ PAR LUI-MÊME; par Bergier. 1 vol. in-12.

DÉLICES (LES) DE LA RELIGION, ou le Pouvoir de l'Évangile pour nous rendre heureux. 1 vol. in-12.

DÉMOCRATIE (DE LA) EN AMÉRIQUE; par M. Alexis de Tocqueville. 2 vol. in-8°.

DÉMONSTRATION ÉVANGÉLIQUE, suivie d'un Essai sur la tolérance; par M. J. B. Duvoisin. 2 vol. in-12.

DEVOIRS (LES) DES HOMMES ; par Silvio Pellico. 1 vol. in-18.

DÉVOTION (LA) RÉCONCILIÉE AVEC L'ESPRIT ; par M. de Pompignan, nouvelle édition. 2 vol. in-18.

DEUX CHANCELIERS D'ANGLETERRE, Bacon de Vérulam et saint Thomas de Cantorbéry ; par M. Ozanam. 1 vol. in-8°.

DIABLE (LE) BOITEUX de le Sage ; ÉDITION DONNÉE PAR M.-GRANDMAISON-Y-BRUNO, à Poitiers. 1 vol. in-18.

DIALOGUES ET VIE DU DUC DE BOURGOGNE, père de Louis XV ; par l'abbé Millot. 1 vol. in-8°.

DIALOGUES DES MORTS ; par Fénelon. 1 vol. in-18.

DIALOGUES SPIRITUELS, où la perfection chrétienne est expliquée pour toutes sortes de personnes ; par le P. Surin. 2 vol. in-12.

DIALOGUES SUR LE VÉRITABLE BONHEUR ; par M. d'Exauvillez. 1 vol. in-18.

DICTIONNAIRE ANTIPHILOSOPHIQUE, ou Réfutation des erreurs répandues dans divers ouvrages irréligieux ; par l'abbé Nonnotte. 1 vol. in-8°.

DICTIONNAIRE PHILOSOPHIQUE DE LA RELIGION, où l'on établit tous les points de doctrine attaqués par les incrédules, et où l'on répond à leurs objections ; par le même. 4 vol. in-12.

DIMANCHE (LE), ou Bonheur que procure la sanctification de ce jour. 1 vol. in-18.

DÎNERS (LES) DU BARON D'HOLBACH ; par madame de Genlis. 1 vol. in-8°.

DISCOURS SUR L'HISTOIRE DE L'ÉGLISE ; par Fleury. 1 vol. in-12.

DISCOURS SUR L'HISTOIRE UNIVERSELLE ; par Bossuet. 1 vol. in-8°.

DOCTEUR (LE) DE VILLAGE, ou les Infortunes d'un philosophe ; par M. d'Exauvillez. 1 vol. in-18.

DUC (LE) DE REICHSTAD ; par M. de Montbel. 1 vol. in-8°.

E.

ÉCHO (L') DU SANCTUAIRE. 1 vol. in-18.

ÉCOLE (L') DES JEUNES DEMOISELLES ; par l'abbé Reyre. 2 vol. in-12.

ÉCOLE (**L'**) **DES MŒURS**, ou Réflexions morales et historiques sur les maximes de la sagesse; par Blanchard. 3 vol. in-12.

ÉDOUARD, ou le Respect humain vaincu; par M. d'Exauvillez. 1 vol. in-18.

ÉDUCATION (**DE L'**) **DES FILLES**; par Fénelon. 1 vol. in-18.

ÉLÉVATIONS A DIEU sur les mystères de la religion chrétienne; par Bossuet. 1 vol. in-8°.

ÉLISA ET MARIE, ou Vie de deux enfants des catéchismes de Saint-Sulpice. 1 vol. in-18.

ÉLISA, ou le Modèle de la piété filiale; par madame Foucault. 1 vol. in-12.

ÉLISE ET FLORINE, ou Vie de deux jeunes personnes. 1 vol. in-18.

ELZINE ET DÉLISKA, ou la Danse, Nouvelle dédiée aux jeunes personnes chrétiennes. 1 vol. in-18.

ENCELADES (**LES**) **MODERNES**, poëme par Berchoux. 1 vol. in-18.

ENFANTS (**LES**); par madame Guizot. 2 vol. in-12.

ENTRETIENS SUR LA DÉVOTION; par madame Leprince de Beaumont. 1 vol. in-12.

ERREURS (**LES**) **DE VOLTAIRE**, examen critique de l'Essai sur l'esprit et les mœurs des nations; par l'abbé Nonnotte. 3 vol. in-12.

ESSAI SUR LA NATURE DE L'AME, sur l'origine des idées et le fondement de la certitude; par l'abbé Receveur. 1 vol. in-8°.

ESSAI SUR L'ÉLOQUENCE DE LA CHAIRE; par le cardinal Maury. 3 vol. in-12.

ESSAI SUR L'INDIFFÉRENCE en matière de religion; par M. F. de Lamennais. 1 vol. in-8°.

ESSAI SUR L'HOMME, ou Accord de la philosophie et de la religion; par Édouard Alletz. 2 vol. in-8°.

ESPRIT (**L'**) **DE L'HISTOIRE**, ou Lettres politiques et morales d'un père à son fils; par Ferrand. 4 vol. in-8°. (R.)

ESPRIT (**L'**) **DE SAINT FRANÇOIS DE SALES**. 2 vol. in-12.

ESPRIT (**L'**) **DE SAINT VINCENT DE PAUL**. 2 vol. in-12.

ESPRIT (**L'**) **DU CHRISTIANISME**; par le P. Nepveu. 1 vol. in-12.

ESQUISSES DRAMATIQUES du gouvernement révolutionnaire de France. 1 vol. in-8°.

ÉTUDES ÉLÉMENTAIRES DE PHILOSOPHIE; par M. de Cardaillac. 2 vol. in-8°.

ÉTUDES CRITIQUES DES HISTORIENS DE LA RÉVOLUTION FRANÇAISE ; par Cyprien Desmarais. 1 vol. in-8°.

EUSTACHE, histoire imitée de l'allemand. 1 vol. in-12.

EXISTENCE (DE L') DE DIEU , démontrée par les merveilles de la nature et les preuves purement intellectuelles ; par Fénelon. 1 vol. in-12.

EXCELLENCE (L') DE LA RELIGION ; par M. de la Luzerne. 1 vol. in-12.

EXPLICATION DES ÉVANGILES des dimanches ; par M. de la Luzerne. 4 vol. in-12.

EXPLICATION DE L'OUVRAGE DES SIX JOURS ; par Duguet. 1 vol. in-12.

EXPLICATION DES QUALITÉS OU CARACTÈRES que saint Paul donne à la charité. 1 vol. in-12.

EXPOSITION DE LA DOCTRINE CATHOLIQUE , suivie de fragments sur diverses matières de controverse ; par Bossuet. 1 vol. in-8°.

EXPOSITION DE LA DOCTRINE CHRÉTIENNE, ou Instructions sur les vérités de la religion. 4 vol. in-12.

ÉVANGILE (L') CODE DU BONHEUR. 1 vol. in-12.

ÉVANGILE MÉDITÉ suivant la concorde des quatre Évangélistes ; par l'abbé Duquesne. 8 vol. in-12.

F.

FABLES DE FÉNELON. 1 vol. in-18.

FABLES DE LA FONTAINE. 1 vol. in-18.

FOI (LA) JUSTIFIÉE de tout reproche de contradiction avec la raison ; par le P. Delamarre. 1 vol. in-12.

FONDEMENTS (LES) DE LA FOI, mis à la portée de toutes sortes de personnes ; par Aymé. 2 vol. in-12.

FRATRICIDE (LE), ou Gilles de Bretagne, Chronique du xv° siècle ; par le vicomte Walsh. 3 vol. in-12.

G.

GASTRONOMIE (LA), poëme par Berchoux. 1 vol. in-18.

GÉNIE (LE) DE LA RÉVOLUTION , considéré dans l'éducation',

ou Mémoires pour servir à l'histoire de l'instruction publique,
depuis 1789 ; par Fabry. 3 vol. in-8°.

GÉNIE (LE) DU CHRISTIANISME (SANS ÉPISODES) ; par M. de
Châteaubriànd. 3 vol. in-8°.

GÉORGIQUES (LES) de Virgile, traduites en vers français par
Delille. 1 vol. in-12.

GÉRALDINE, ou Histoire d'une conscience, traduit de l'anglais
par madame la marquise de M... 2 vol. in-12.

GRÈCE (LA) ; par Pouqueville. 1 vol. in-8°.

GUIDE (LE) DES PÉCHEURS ; par le P. de Grenade. 2 vol.
in-12.

GUIDE (LE) DU NÉOPHYTE, ou la Religion du cœur ; par le
comte de la Rivallière-Frauendorf, 1 vol. in-12.

H.

HARMONIES POÉTIQUES ET RELIGIEUSES ; par M. de Lamartine. 2 vol. in-8°.

HARPE (LA) D'ISRAËL, ou Chants de la Bible, traduits en vers
par nos meilleurs poëtes. 2 vol. in-8°.

HÉLÈNE, ou l'Héroïsme de la vertu. 1 vol. in-12.

HELVIENNES (LES), ou Lettres provinciales ; par Barruel.
4 vol. in-12.

HENRI DE TOURNAY, ou Entretiens sur la morale. 1 vol. in-18.

HENRY PERCY, comte de Nortumberland ; par madame de Craon.
2 vol. in-8°.

HERMITE (L') DE BELLEVILLE, ou Choix d'opuscules politiques
et littéraires de Ch. Colnet. 2 vol. in-8°.

HÉROÏNES (LES NOUVELLES) CHRÉTIENNES. 2 vol. in-18.

HÉROS (LES) CHRÉTIENS, ou Lettres du P. Parennin sur une
famille de princes tartares convertis à la foi. 1 vol. in-12.

HÉROS (LES) CHRÉTIENS, ou les Martyrs du sacerdoce ; par
l'abbé Dubois. 2 vol. in-12.

HEUREUSE (L') RENCONTRE, ou Entretiens d'Eugénie et de
Delphine. 1 vol. in-18.

HISTOIRE DE L'ANCIEN TESTAMENT ; par Couturier. 4 vol.
in-12.

HISTOIRE DU PEUPLE DE DIEU, depuis son origine jusqu'à la naissance du Messie; par le P. Berruyer. 7 vol. in-8°. Édition corrigée et annotée, à Besançon.

HISTOIRE DE LA VIE DE JÉSUS-CHRIST; par le P. de Ligny. 4 vol. in-12.

HISTOIRE DE N. S. JÉSUS-CHRIST; par le comte de Stolberg. 2 vol. in-8°.

HISTOIRE ABRÉGÉE DE LA RELIGION; par Lhomond. 1 vol. in-12.

HISTOIRE ABRÉGÉE DE L'ÉGLISE; par le même. 1 vol. in-12.

HISTOIRE DE L'ÉGLISE; par Bérault de Bercastel. 22 vol. in-12.

HISTOIRE DE L'ÉGLISE GALLICANE; par les PP. Longueval, Fontenay, Brumoy et Berthier. 24 vol. in-12.

HISTOIRE ABRÉGÉE DES CONCILES. 1 vol. in-12.

HISTOIRE DES FÊTES DE L'ÉGLISE. 1 vol. in-12.

HISTOIRE DES HÉBREUX rapprochée des temps contemporains; par M. Rabelleau. 2 vol. in-8°.

HISTOIRE VÉRITABLE DES TEMPS FABULEUX; par Guérin du Rocher. 3 vol. in-8°.

HISTOIRE DE LA PAPAUTÉ; par Henrion. 3 vol. in-12.

HISTOIRE ABRÉGÉE DES PAPES; par Alletz. 2 vol. in-12.

HISTOIRE DU PAPE GRÉGOIRE VII (HILDEBRAND) et de son siècle, traduit de l'allemand de Voigt; par l'abbé Jager. 2 vol. in-8°.

HISTOIRE DU PAPE INNOCENT III et de son siècle, de Hurter; traduite par MM. l'abbé Jager et Th. Vial. 2 vol. in-8°.

HISTOIRE DE L'ENLÈVEMENT ET DE LA CAPTIVITÉ DE PIE VI; par l'abbé Baldassari, traduit par l'abbé de Lacouture. 1 vol. in-8°.

HISTOIRE DU PAPE PIE VII; par le chev. Artaud. 2 vol. in-8°.

HISTOIRE DES ORDRES RELIGIEUX; par Henrion. 2 vol. in-12.

HISTOIRE DE LA COMPAGNIE DE JÉSUS; par M. de Sarrion. 4 vol. in-8°.

HISTOIRE DES ORDRES ROYAUX ET HOSPITALIERS de Saint-Jean de Jérusalem; par Gautier de Sibert. 2 vol. in-12.

HISTOIRE DES CHEVALIERS DE MALTE; par l'abbé de Vertot. 6 vol. in-12.

HISTOIRE DE LA TRAPPE, ou Précis exact des règles, des usages, des austérités des religieux de cet ordre; par M. de Grandmaison-Y-Bruno. 1 vol. in-12.

HISTOIRE DES CROISADES ; par Michaud. 6 vol. in-8°. (R.)

HISTOIRE DE SAINT LOUIS ; par le comte de Villeneuve Strans. 3 vol. in-8°.

HISTOIRE DES VARIATIONS des églises protestantes, suivie des avertissements aux protestants ; par Bossuet. 4 vol. in-8°.

HISTOIRE DE LA VIE ET DES ÉCRITS DE LUTHER ; par Audin. 2 vol. in-8°. (R.)

HISTOIRE DE LA RÉVOLUTION RELIGIEUSE ou de la réforme protestante en Suisse ; par M. de Haller. 1 vol. in-8°.

HISTOIRE DU JAPON ; par le P. Charlevoix. 2 vol. in-12.

HISTOIRE DU PARAGUAY ; par le même. 6 vol. in-12.

HISTOIRE DE BOSSUET ; par le cardinal de Beausset. 4 vol. in-12.

HISTOIRE DE FÉNELON ; par le même. 4 vol. in-12.

HISTOIRE DU CLERGÉ DE FRANCE pendant la révolution ; par Hocquart. 3 vol. in-12.

HISTOIRE DE LA NOUVELLE HÉRÉSIE du XIXᵉ siècle, ou Réfutation des ouvrages de M. de Lamennais ; par Mgr. M. N. S. Guillon. 3 vol. in-8°.

HISTOIRES CHOISIES, ou Livre d'exemples tirés de l'Écriture, des Pères et des auteurs ecclésiastiques. 3 vol. in-12.

HISTOIRE ANCIENNE ; par Rollin. 13 vol. in-12.

HISTOIRE ROMAINE ; par le même. 20 vol. in-8°.

HISTOIRE ROMAINE ; par M. Dumont. 4 vol. in-8°.

HISTOIRE DES EMPEREURS ROMAINS ; par Crévier. 14 vol. in-8°.

HISTOIRE DU BAS-EMPIRE depuis l'avénement de Constantin jusqu'à la prise de Constantinople par Mahomet II ; A. M. S. S. G. 2 vol. in-8°.

HISTOIRE DE L'EMPEREUR ANDRONIC ET DE MICHEL, son fils ; par le Beau. 1 vol. in-12.

HISTOIRE DE THÉODOSE ; par Fléchier. 1 vol. in-12.

HISTOIRE DU MOYEN ÂGE ; par M. Cʳ Gaillardin. 3 vol. in-8°.

HISTOIRE DE FRANCE ; par Velly, Villaret et Garnier. 30 vol. in-12.

HISTOIRE DES DUCS DE BOURGOGNE de la maison de Valois ; par M. de Barante. 24 vol. in-12.

HISTOIRE DES DUCS D'ORLÉANS ; par Laurentie. 4 vol. in-8°.

HISTOIRE DES DUCS DE BRETAGNE; par M. de Roujoux. 4 vol. in-8°.

HISTOIRE DE BERTRAND DU GUESCLIN; par Guyard de Berville. 2 vol. in-12.

HISTOIRE DU CHEVALIER BAYARD; par le même. 1 vol. in-12.

HISTOIRE DE HENRI LE GRAND; par Hardouin de Péréfixe. 1 vol. in-12.

HISTOIRE DU CARDINAL MAZARIN; par Aubéry. 4 vol. in-12.

HISTOIRE DE TURENNE; par Raguenet. 1 vol. in-12.

HISTOIRE DE RENÉ D'ANJOU, roi de Naples; par le comte de Villeneuve-Bargemont. 3 vol. in-8°.

HISTOIRE DES COMTES DE FOIX de la première race (Gaston III); par M. Gaucherand. 1 vol. in-8°.

HISTOIRE DE LA RÉVOLUTION DE FRANCE; par le vicomte Félix de Conny. 7 vol. in-8°.

HISTOIRE DE MARIE-ANTOINETTE; par Montjoie. 1 vol. in-8°.

HISTOIRE DE LA CONJURATION DE ROBESPIERRE; par le même. 2 vol. en 1, in-8°.

HISTOIRE DE LA GUERRE DE LA VENDÉE, de 1792 à 1815; par Alp. de Beauchamp. 4 vol. in-8°.

HISTOIRE DE L'EXPÉDITION FRANÇAISE EN ÉGYPTE; par Saintine. 3 vol. in-8°.

HISTOIRE DE NAPOLÉON BONAPARTE; par P. F. H. 4 vol. in-8°.

HISTOIRE DE NAPOLÉON ET DE LA GRANDE ARMÉE, pendant l'année 1812; par le comte de Ségur. 2 vol. in-8°.

HISTOIRE DES CAMPAGNES DE 1814 ET 1815; par Alphonse de Beauchamp. 4 vol. in-8°.

HISTOIRE DES GUERRES DE FLANDRE; par le cardinal Bentivoglio. 4 vol. in-12.

HISTOIRE D'ANGLETERRE, du docteur John Lingard, continuée jusqu'à nos jours par M. de Marlès. 21 vol. in-8°.

HISTOIRE D'IRLANDE; par Thomas More. 2 vol. in-8°.

HISTOIRE D'ÉCOSSE racontée par un grand-père à son petit-fils; par Walter Scott. 3 vol. in-8°.

HISTOIRE DES RÉVOLUTIONS D'ESPAGNE; par le P. d'Orléans. 5 vol. in-12.

HISTOIRE DE LA GUERRE D'ESPAGNE ET DE PORTUGAL, de 1807 à 1813 ; par Al. de Beauchamp. 2 vol. in-8°.

HISTOIRE DE RUSSIE ; par Karamsin. 11 vol. in-8°.

HISTOIRE DE POLOGNE ; par M. L. S. . . . 2 vol. en 1, in-12.

HISTOIRE DE STANISLAS, roi de Pologne ; par l'abbé Proyart. 1 vol. in-12.

HISTOIRE DES RÉVOLUTIONS DE SUÈDE ; par l'abbé de Vertot. 2 vol. in-12.

HISTOIRE DES SUISSES ; par Mallet. 4 vol. in-8°. (R.)

HISTOIRE DE LA DÉCOUVERTE ET DES CONQUÊTES des Portugais dans le nouveau monde ; par le P. Lafiteau. 4 vol. in-12.

HISTOIRE DE LA DÉCOUVERTE ET DE LA CONQUÊTE DU PÉROU. 2 vol. in-12.

HISTOIRE DE LA DÉCOUVERTE DE L'AMÉRIQUE ; par Campe. 2 vol. in-12.

HISTOIRE DES PROGRÈS ET DE LA CHUTE de l'empire de Mysore ; par Michaud. 2 vol. in-8°.

HISTOIRE DES LETTRES AVANT LE CHRISTIANISME ; par M. Amédée Duquesnel. 2 vol. in-8°. (R.)

HISTOIRE DE L'ACADÉMIE FRANÇAISE ; par Pellisson-Fontanier. 2 vol. in-12.

HISTOIRE DES NAUFRAGES ; par Desperthes et Eyriès. 3 vol. in-12.

HISTOIRE D'UNE SŒUR DE CHARITÉ ; par madame Foucault. 1 vol. in-12.

HISTOIRE D'UNE PIEUSE HÉRITIÈRE ; par la même. 1 vol. in-12.

HISTOIRE DE L'INCOMPARABLE DON QUICHOTTE DE LA MANCHE, traduit de l'espagnol par M. de Grandmaison-Y-Bruno. 4 vol. in-18, *édition épurée*.

HOMÉLIES, DISCOURS ET LETTRES CHOISIES de saint Basile. 1 vol. in-8°.

HOMÉLIES, DISCOURS ET LETTRES CHOISIES de saint Jean Chrysostôme. 4 vol. in-8°.

HOMME (L') DES CHAMPS, poëme ; par Delille. 1 vol. in-18.

HOMME (L') HEUREUX, ou les Aventures de Misseno. 2 vol. in-12.

I.

IMAGINATION (L'), poëme ; par Delille. 1 vol. in-18.

INCAS (LES); par Marmontel, *édition de Mame*, à Tours. 1 vol. in-12.

IRLANDE (L') SOCIALE, RELIGIEUSE ET POLITIQUE; par M. Gustave de Beaumont. 2 vol. in-8°.

IMITATION (DE L') DE JÉSUS-CHRIST, par le P. Pallu. 1 vol. in-12.

INTÉRIEUR (L') DE JÉSUS ET DE MARIE; par le P. Grou. 2 vol. in-12.

INSTRUCTIONS SPIRITUELLES de Louis de Blois. 1 vol. in-12.

INSTRUCTIONS SUR LES ÉGAREMENTS DE L'ESPRIT ET DU CŒUR; par Humbert. 1 vol. in-12.

INSTRUCTIONS SUR LES PRINCIPALES VÉRITÉS DE LA RELIGION; par le même. 1 vol. in-12.

ISMAËL, ou la Conversion d'un juif, suivie de ses entretiens avec des incrédules, des athées, etc. ; par M. Miel. 1 vol. in-12.

ITALIE (L'); par le chevalier Artaud. 1 vol. in-8°.

ITINÉRAIRE DE PARIS A JÉRUSALEM; par M. de Châteaubriand. 3 vol. in-18.

INTRODUCTION A LA VIE DÉVOTE; par saint Jean de Sales, ÉDITION A L'USAGE DE LA JEUNESSE; Paris, A. Leclère. 1 vol. in-18.

J.

JACQUES DELORME, ou Bonheur et religion; par M. d'Exauvillez. 1 vol. in-18.

JARDINS (LES), poëme; par Delille. 1 vol. in-18.

JE VEUX ÊTRE HEUREUX, entretiens familiers. 1 vol. in-12.

JOSEPH; par Bitaubé, *édition de Mame*, à Tours. 1 vol. in-12.

JOURNÉES MÉMORABLES DE LA RÉVOLUTION FRANÇAISE, racontées par un père à ses fils; par le vicomte Walsh. 4 vol. in-8°.

JUIVE (LA) CONVERTIE; par madame Foucault. 1 vol. in-12.

JULES CHRÉTIEN, ou Dialogues sur les principes et les pratiques du chrétien, à l'usage des gens du monde ; par M. Bochard. 2 vol. in-8°.

L.

LEÇONS DE LA NATURE, ou l'Histoire naturelle présentée à l'esprit et au cœur ; par Cousin Despréaux. 4 vol. in-12.

LEÇONS DE L'HISTOIRE, ou Lettres d'un père à son fils sur les faits intéressants de l'histoire universelle ; par l'abbé Gérard. 11 vol. in-12.

LEÇONS D'UNE MÈRE A SES ENFANTS sur la religion ; par madame Caroline Falaize. 2 vol. in-12.

LETTRES A MON FILS sur les causes, la marche et les effets de la révolution française ; par M. Taillandier. 1 vol. in-8°.

LETTRES A UN GENTILHOMME RUSSE sur l'inquisition espagnole ; par le comte de Maistre. 1 vol. in-8°.

LETTRES A UN MATÉRIALISTE sur la nature de l'âme ; par l'abbé de Lignac. 1 vol. in-12.

LETTRES A UN PÈRE SUR L'ÉDUCATION DE SON FILS, et à une mère sur l'éducation de sa fille ; par M. Laurentie. 2 vol. en 1, in-18.

LETTRES DE ROCHEVILLE sur l'esprit du siècle ; par M. d'Exauvillez. 1 vol. in-18.

LETTRES DE MADAME DE CHANTAL. 2 vol. in-8°.

LETTRES DE QUELQUES JUIFS à M. de Voltaire ; par l'abbé Guénée (Rusand). 3 vol. in-12.

LETTRES DE SAINT BERNARD. 3 vol. in-8°.

LETTRES DE SAINT FRANÇOIS DE SALES. 4 vol. in-8°.

LETTRES DE SAINT FRANÇOIS DE SALES AUX GENS DU MONDE. 1 vol. in-8°.

LETTRES DE SAINT FRANÇOIS XAVIER. 2 vol. in-8°.

LETTRES DE SAINT JÉRÔME, traduites par MM. Grégoire et Collombet. 1 vol. in-8°.

LETTRES D'UN PÈRE A SON FILS sur la religion ; par M. d'Exauvillez. 1 vol. in-18.

LETTRES DU P. DE GÉRAMB, sur l'Eucharistie. 1 vol. in-12.

LETTRES DU P. ROY. 2 vol. in-12.

LETTRES ET VIE DE LÉONIE. 3 vol. in-18.

LETTRES ÉDIFIANTES ET CURIEUSES, écrites des missions. 20 vol. in-18.

LETTRES ÉDIFIANTES (Extrait des). 2 vol. in-12.

LETTRES SPIRITUELLES du P. Surin. 2 vol. in-12.

LETTRES SPIRITUELLES du P. Lombez. 1 vol. in-12.

LETTRES SUR L'ANGLETERRE; par Walsh. 1 vol. in-8°.

LETTRES SUR LA SUISSE; par Raoul Rochette. 3 vol. in-8°.

LETTRES SUR L'ÉDUCATION DU PEUPLE; par M. Laurentie. 1 vol. in-18.

LETTRES SUR L'HISTOIRE DE LA RÉFORME en Angleterre et en Irlande ; par Williams Cobbett. 1 vol. in-12.

LETTRES SUR L'ITALIE; par de Joux. 2 vol. in-12.

LETTRES SUR L'ITALIE; par Dupaty, *édition de Mame*, à Tours. 1 vol. in-12.

LETTRE SUR LE SAINT-SIÉGE, suivie du mémoire sur le rétablissement en France des frères prêcheurs; par M. l'abbé Lacordaire. 1 vol. in-8°.

LETTRES SUR LES ÉTATS-UNIS D'AMÉRIQUE, adressées à M. le comte O. Mahony, en 1832-1833. 2 vol. in-8°.

LETTRES SUR LES SPECTACLES; par Desprez de Boissy. 2 vol. in-12.

LETTRES VENDÉENNES, ou Correspondance de trois amis en 1823; par le vicomte Walsh. 3 vol. in-12.

LETTRES VENDÉENNES (Suite aux). 1 vol. in-8°.

LIVRE (LE) DE LA NATURE, ou les Leçons de la nature de Cousin-Despréaux, nouvelle édition entièrement refondue; par M. Desdouits. 4 vol. in-12.

LIVRE (LE) DU CHRÉTIEN; par Tricalet. 1 vol. in-12.

LIVRE (LE) DES PSAUMES, en vers français; par A. Guillemin. 1 vol. in-8°.

LOISIRS (LES) D'UN CURÉ; par l'abbé Huncler. 1 vol. in-12.

LOUIS LE PIEUX ET SON SIÈCLE; par M. Frantin. 2 vol. in-8°.

LOUIS XVI PEINT PAR LUI-MÊME, ou Correspondance et autres écrits de ce monarque. 1 vol. in-8°.

LOUIS XVI ET SES VERTUS; par l'abbé Proyart. 5 vol. in-8°.

LOUISE, ou la Vocation. 1 vol. in-12.

LYCÉE, ou Cours de littérature de la Harpe. 16 vol. in-8°.

M.

MAGASIN DES ADOLESCENTES; par madame Leprince de Beaumont. 2 vol. in-12.

MAGASIN DES JEUNES DAMES; par la même. 3 vol. in-12.

MALHEUR ET PITIÉ, poëme; par Delille. 1 vol. in-18.

MANUEL DE LA MESSE, ou Explications des prières et des cérémonies du saint sacrifice; par M. le Courtier, curé des Missions étrangères. 1 vol. in-12.

MANUEL DE LA JEUNESSE, ou Instructions familières sur les principaux points de la religion. 3 vol. in-12.

MANUSCRIT INÉDIT DE LOUIS XVIII. 1 vol. in-8°.

MARQUISE (LA) DE LOS-VALIENTES; par le P. Marin. 2 vol. in-12.

MAXIMES POUR SE CONDUIRE CHRÉTIENNEMENT DANS LE MONDE; par l'abbé Clément. 1 vol. in-12.

MÉDITATIONS POÉTIQUES; par M. de Lamartine. 1 vol. in-12.

MÉDITATIONS SUR L'ÉVANGILE; par Bossuet. 2 vol. in-8°.

MÉLANGES DE DROIT PUBLIC et de haute politique; par M. de Haller. 2 vol. in-8°.

MÉLODIES POÉTIQUES DE LA JEUNESSE, avec des notes biographiques et littéraires; par F. J. Collombet. 4 vol. in-8°.

MÉMOIRES DE BELVAL, ou la Vérité reconnue; par M. Loisson de Guinaumont. 1 vol. in-8°.

MÉMOIRES DE L'ABBÉ EDGEWORTH DE FIRMONT, dernier confesseur de Louis XVI, et Lettres du même. 1 vol. in-8°.

MÉMOIRES DE DUGUAY-TROUIN. 1 vol. in-12.

MÉMOIRES DE MADAME DE LA ROCHEJAQUELEIN. 1 vol. in-8°.

MÉMOIRES DE MADAME DE SAPINAUD sur la Vendée. 1 vol. in-12.

MÉMOIRES DU CARDINAL PACCA sur la captivité de Pie VII et le concordat de 1813, pour servir à l'histoire du règne de Napoléon. 2 vol. in-8°.

MÉMOIRES DE LITTÉRATURE, tirés des registres de l'Académie royale des inscriptions et belles-lettres depuis son renouvellement jusqu'en 1710. 20 vol. in-12.

MÉMOIRES D'UN PRISONNIER D'ÉTAT AU SPIELBERG, par A. Andryanne. 4 vol. in-8°.

MÉMOIRES PHILOSOPHIQUES DU BARON DE ***, ou l'Adepte de la philosophie ramené à la religion; par l'abbé de Crillon. 1 vol. in-8°.

MÉMOIRES POUR SERVIR A L'HISTOIRE DE LA MAISON DE CONDÉ. 2 vol. in-8°.

MÉMOIRES POUR SERVIR A L'HISTOIRE DE LA RELIGION à la fin du xviiie siècle. 2 vol. in-8°.

MÉMOIRES POUR SERVIR A L'HISTOIRE DES ÉVÉNEMENTS de la fin du xviiie siècle, de 1760 à 1810; par l'abbé Georgel. 6 vol. in-8°.

MÉMOIRES SUR L'EXPÉDITION DE QUIBERON; par L. G. de Villeneuve la Roche-Barnaud. 1 vol. in-8°.

MÉMOIRES SECRETS ET INÉDITS pour servir à l'histoire contemporaine, recueillis et mis en ordre par Alph. de Beauchamp. 2 vol. in-8°.

MES PRISONS, ou Mémoires de Silvio Pellico, *édition de Mame*, à Tours. 1 vol. in-12.

MES VACANCES EN ITALIE; par M. l'abbé Ch. Moreau. 1 vol. in-12.

MISSIONNAIRES (LES) DE 1793; par Fabry. 1 vol. in-8°.

MISSIONS (LES) DU PARAGUAY. 1 vol. in-12.

MODÈLE DES PRÊTRES, ou Vie du P. Brydaine. 1 vol. in-12.

MŒURS DES ISRAÉLITES et des chrétiens; par Fleury. 1 vol. in-12.

MŒURS CHRÉTIENNES AU MOYEN ÂGE, ouvrage traduit de l'anglais, par M. Danielo. 2 vol. in-8°.

MONT VALÉRIEN (LE), ou Pèlerinage et amitié. 1 vol. in-12.

MONT VALÉRIEN (LE), Histoire de la croix, des lieux saints et du Calvaire établi au mont Valérien. 1 vol. in-18.

MORALE ENSEIGNÉE PAR L'EXEMPLE. 3 vol. in-12.

MORCEAUX CHOISIS de l'Histoire de l'Église; par M. Bonnetty. 2 vol. in-12.

MORTS ÉDIFIANTES (Recueil de); par M. d'Exauvillez. 1 vol. in-18.

MORTS FUNESTES DES IMPIES (Recueil de); par le même. 1 vol. in-18.

MOTIFS QUI ONT RAMENÉ A L'ÉGLISE CATHOLIQUE un grand nombre de protestants. 1 vol. in-12.

MOYENS DE CONNAITRE LA VÉRITÉ. 1 vol. in-12.

N.

NAUFRAGÉS (LES) AU SPITZBERG, ou les Heureux effets de la confiance en Dieu. 1 vol. in-12.

NÉCESSITÉ DU SALUT, ses obstacles et ses moyens; par le P. Pallu. 1 vol. in-12.

NOUVELLES MORALES; par M. d'Exauvillez. 1 vol. in-12.

O.

ŒUVRES COMPLÈTES DE BOURDALOUE. 22 vol. in-12.

ŒUVRES CHOISIES DE M. L'ABBÉ DOUCET, prêtre de Saint-Thomas d'Aquin, sermons, prônes et instructions. 4 vol. in-18·

ŒUVRES DE M. GRESSET. Le 1er vol. in-18.

ŒUVRES DU CHANOINE SCHMIDT, et autres ouvrages du même genre, traduits ou imités de l'allemand de divers auteurs, formant 80 petits volumes in-32 reliés en 20.

ŒUVRES DU P. DU CERCEAU, contenant son théâtre et ses poésies. 2 vol. in-8°.

ŒUVRES SPIRITUELLES de Fénelon. 4 vol. in-12.

ONÉSIE, ou les Soirées de l'Abbaye. 2 vol. in-12.

ORAISONS FUNÈBRES de Bossuet. 1 vol. in-8°.

ORIGINE (DE L') DES LOIS, des arts et des sciences, et de leurs progrès chez les anciens peuples; par Goguet. 6 vol. in-12.

ORNEMENTS (LES) DE LA MÉMOIRE. 1 vol. in-12.

ORPHELINS (LES) PIÉMONTAIS. 2 vol. in-12.

P.

PAPE (DU); par le comte Joseph du Maistre.

PARDON (LE) DU JUBILÉ, ou les Armes du christianisme. 1 vol. in-8°.

PARFAIT (LE) DOMESTIQUE; par M. d'Exauvillez. 1 vol. in-18.

PARNASSE (LE) CHRÉTIEN, recueil de poésies religieuses. 2 vol. in-18.

PASSE-TEMPS (LE) MORAL, ou la Vertu mise en action ; par madame Foucault. 1 vol. in-12.

PATRIARCHE (LE) DES VOSGES. 1 vol. in-18.

PAUVRE JACQUES. 1 vol. in-12.

PAUL ET VIRGINIE ; par Bernardin de Saint-Pierre, *édition de Mame*, à Tours. 1 vol. in-12.

PÈLERINAGE A JÉRUSALEM ; par le P. de Géramb. 3 vol. in-8°.

PÈLERINAGE D'UN NOMMÉ CHRÉTIEN. 1 vol. in-18.

PÈLERINAGE A GORITZ ; par le vicomte S. de la Rochefoucauld. 1 vol. in-8°.

PÈLERINAGES (LES) DE SUISSE ; par M. Veuillot. 2 vol. in-8°.

PENSÉES DE PASCAL. 1 vol. in-12.

PÈRE (LE) DES MALHEUREUX, ou Vie de Claude Bernard, dit le pauvre Prêtre. 1 vol. in-18.

PETIT CARÊME de Massillon. 1 vol. in-18.

PETITS (LES) BÉARNAIS ; par madame Lafaye-Bréhier. 2 vol. in-12.

PIERRE GIBERNE ; par M. de Jussieu. 1 vol. in-12.

POLITIQUE SACRÉE tirée de l'Écriture sainte ; par Bossuet. 1 vol. in-8°.

POUVOIR DU PAPE sur le temporel des rois au moyen âge. 1 vol. in-8°.

PRASCOVIE, ou la Piété filiale, histoire russe ; par M***. 1 vol. in-12.

PRATIQUE DE L'AMOUR DE DIEU ; par Liguory. 1 vol. in-18.

PRATIQUE (ABRÉGÉ DE LA) DE LA PERFECTION CHRÉTIENNE ; par Rodriguez. 2 vol. in-12.

PRÉJUGÉS LÉGITIMES contre les protestants. 1 vol. in-12.

PREUVES DE LA DIVINITÉ DE JÉSUS-CHRIST. 1 vol. in-12.

PREUVES HISTORIQUES DE LA RELIGION ; par Bauzée. 1 vol. in-12.

PREUVES DE LA RELIGION exposées dans leur enchaînement et leur suite ; par M. Lacoste. 2 vol. in-12.

PRINCIPES FONDAMENTAUX DE LA RELIGION ; par Alletz. 1 vol. in-18.

PRINTEMPS D'UN PROSCRIT ; par Michaud. 1 vol. in-12.

3.

PRISONNIERS (LES) DU CAUCASE, suivis du Lépreux de la
cité d'Aoste; par le comte Xavier de Maistre. 1 vol.

PRÔNES OU INSTRUCTIONS sur les grandeurs de Jésus-Christ;
par Cochin. 2 vol. in-12.

PSAUMES (LES) TRADUITS avec des réflexions; par le P. Berthier. 5 vol. in-12.

Q.

QUELQUES SEMAINES EN ITALIE. 1 vol. in-12.

R.

RAISON (LA) DU CHRISTIANISME, ou Preuves de la vérité de
la religion, tirées des écrits des plus grands hommes de la
France, de l'Angleterre et de l'Allemagne. Publié par M. de
Genoude. 12 vol. in-8°.

RÉFLEXIONS SPIRITUELLES du P. Berthier. 5 vol. in-12.

RÉFLEXIONS SUR LA RELIGION CHRÉTIENNE; par le P. Pallu.
1 vol. in-12.

RELATION CIRCONSTANCIÉE DE LA CAMPAGNE DE RUSSIE;
par E. Labaume. 1 vol. in-8°.

RELIGION (LA), poëme; par L. Racine, édition à laquelle on
a ajouté Esther et Athalie. (*Rusand.*) 1 vol. in-18.

RELIGION (DE LA) CATHOLIQUE considérée comme condition
au bonheur des peuples; par M. d'Exauvillez. 1 vol. in-8°.

RELIGION (LA) CHRÉTIENNE démontrée par la conversion et
l'apostolat de saint Paul; traduit de l'anglais de Lyttleton, par
l'abbé Guénée. 1 vol. in-12.

RELIGION (LA) considérée comme l'unique base du bonheur;
par madame de Genlis. 1 vol. in-12.

RELIGION (LA) DU CŒUR exposée dans les sentiments qu'une
tendre piété inspire; par le chevalier de ***. 1 vol. in-12.

ROBINSON (LE) SUISSE; par madame de Montolieu. 3 vol.
in-12.

ROSELINE. 1 vol. in-12.

S.

SARA, ou les Heureux effets d'une éducation chrétienne. 2 vol. in-12.

SEIZE ANS SOUS LES BOURBONS; par Ed. Mennechet. 2 vol. in-8°.

SERMONS DE BOSSUET. 9 vol. in-12.

SERMONS DE M. DE BOULOGNE, évêque de Troyes. 4 vol. in-12.

SERMONS DE MASSILLON pour l'avent et le carême. 5 vol. in-12.

SERMONS DU P. ÉLISÉE. 4 vol. in-12.

SERVICES QUE LES FEMMES PEUVENT RENDRE A LA RELIGION. 1 vol. in-12.

SIMON DE NANTUA, ou le Marchand forain; par Laurent de Jussieu. 1 vol. in-12.

SOIRÉES (LES) DE SAINT-PÉTERSBOURG, ou Entretiens sur le gouvernement temporel de la Providence; par le comte J. de Maistre. 2 vol. in-8°.

SOIRÉES DE MONTLHÉRY, Entretiens sur les origines bibliques, recueillis et publiés par M. Desdouïts. 1 vol. in-8°.

SOIRÉES (LES) VILLAGEOISES; par M. d'Exauvillez. 2 vol. in-18.

SOIRÉES (LES) RELIGIEUSES. 2 vol. in-12.

SOLIDE (DE LA) DÉVOTION envers la sainte Vierge; par le P. Pallu. 1 vol. in-12.

SOLILOQUES (LES), Manuel et méditations de saint Augustin. 1 vol. in-12.

SOUFFRANCES ET CONSOLATIONS. 1 vol. in-12.

SOUVENIRS DE L'ORIENT; par le vicomte de Marcellus. 2 vol. in-8°.

SOUVENIRS DE L'OUEST; par M. Th. Muret. 1 vol. in-12.

SOUVENIRS DE VOYAGE DANS LES PYRÉNÉES. 1 vol. in-12.

SOUVENIRS DE VOYAGE, ou Lettres d'une voyageuse malade. 2 vol. in-8°.

SOUVENIRS DES PETITS SÉMINAIRES. 1 vol. in-12.

SPECTACLE (LE) DE LA NATURE; par Pluche. 9 vol. in-12.

SPECTATEUR (LE) FRANÇAIS au XIXe siècle, ou Variétés religieuses , morales , historiques et littéraires , recueillies des meilleurs écrits périodiques de 1801 à 1812 ; par Fabry. 13 vol. in-8°.

SPECTATEUR (LE) FRANÇAIS SOUS LA RESTAURATION , suite au précédent. 3 vol. in-8°.

SUISSE (LA) ET LE TYROL ; par M. de Golbéry. 1 vol. in-8°.

T.

TABLEAU DES PRINCIPALES CONVERSIONS qui ont eu lieu parmi les protestants depuis le XIXe siècle. 1 vol. in-12.

TABLEAU POÉTIQUE DES FÊTES CHRÉTIENNES ; par le vicomte Walsh. 1 vol. in-8°.

THOMAS MORUS , lord chancelier d'Angleterre au XVIe siècle ; par madame de Craon. 2 vol. in-8°.

TOSCANE ET ROME , correspondance d'Italie ; par M. Poujoulat. 1 vol. in-8°.

TRAITÉ DE LA CONFIANCE EN LA MISÉRICORDE DE DIEU. 1 vol. in-18.

TRAITÉ DE L'AMOUR DE DIEU ; par saint François de Sales. 2 vol. in-12.

TRAITÉ DE LA DOUCEUR ; par l'abbé Carron. 1 vol. in-18.

TRAITÉ DE LA JOIE DE L'AME CHRÉTIENNE ; par le P. Lombez. 1 vol. in-12.

TRAITÉ DE LA PAIX INTÉRIEURE ; par le même. 1 vol. in-12.

TRAITÉ DES ÉTUDES ; par Rollin. 6 vol. in-8°.

TRAITÉ DES INDULGENCES. 1 vol. in-12.

TRAITÉ DU LIBRE ARBITRE ; par Bossuet. 1 vol. in-12.

TRAITÉ HISTORIQUE ET DOGMATIQUE de la vraie religion ; par Bergier. 12 vol. in-12.

TRAPPE (LA) MIEUX CONNUE. 1 vol. in-8°.

TRÉSOR DES FAMILLES CHRÉTIENNES ; par madame Leprince de Beaumont. 1 vol. in-12.

TRÉSOR (LE) DU CHRÉTIEN , ou Principes et sentiments propres à renouveler le christianisme dans les âmes ; par l'abbé Champion de Pontalier. 3 vol. in-12.

TRÉSORS DE L'ÉLOQUENCE , ou Témoignages rendus à la religion et à la morale, par les philosophes, les écrivains, les orateurs et les savants les plus célèbres. 2 vol. in-8°.

TRIOMPHE (LE) DE L'ÉVANGILE, ou Mémoires d'un homme du monde revenu des erreurs du philosophisme moderne, traduit de l'espagnol; par J. F. A. Buynand des Échelles. 3 vol. in-8°.

U.

UNE COLONIE CHRÉTIENNE. 1 vol. in-12.

UN SERMON ENTRE DEUX HISTOIRES. 1 vol. in-18.

USAGE (DE L') ET DE L'ABUS de l'esprit philosophique durant le XVIIIe siècle; par M. J. E. Portalis.

V.

VANDALISME (DU) ET DU CATHOLICISME DANS L'ART; par le comte de Montalembert. 1 vol. in-8°.

VARIÉTÉS D'UN PHILOSOPHE PROVINCIAL. 1 vol. in-12.

VÉRITÉ CATHOLIQUE, ou Vues générales de la religion; par M. Nault. 1 vol. in-12.

VÉRITÉS DE LA RELIGION CHRÉTIENNE, et l'Art de se connaître soi-même; par Abbadie. 3 vol. in-12.

VIE D'ALFRED LE GRAND, par le comte de Stolberg. 1 vol. in-18.

VIE (ABRÉGÉ DE LA) DE LOUIS STEFANELLI. 1 vol. in-12.

VIE DE CALIXTE FRÈZE, mort au séminaire de Saint-Sulpice. 1 vol. in-18.

VIE DE DOM AUGUSTIN DE LESTRANGE, abbé de la Trappe. 1 vol. in-12.

VIE (LA) DE JÉSUS-CHRIST DANS L'EUCHARISTIE; par M. Gérard de Villethierry. 1 vol. in-12.

VIE DE J. CATHELINEAU, surnommé le saint de l'Anjou, généralissime de la Vendée; par M. E. de Genoude. 1 vol. in-8°.

VIE DE L'ABBÉ DE RANCÉ; par Marsollier. 2 vol. in-12.

VIE DE L'EMPEREUR JULIEN, par l'abbé de la Bletterie. 1 vol. in-12.

VIE DE LOUIS XVIII; par Alp. de Beauchamp. 1 vol. in-8°.

VIE DE MADAME LA DUCHESSE DE MONTMORENCY, supérieure de la Visitation de Moulins. 1 vol. in-12.

VIE DE MADAME DE MIRAMION. 2 vol. in-12.

VIE DE MADAME LEGRAS, fondatrice des Sœurs de la Charité. 1 vol. in-12.

VIE DE MADAME LOUISE DE FRANCE. 1 vol. in-12.

VIE DE MARIE LEICKSEINSKA; par l'abbé Proyart. 1 vol. in-12.

VIE DE M. DE LAMOTTE, évêque d'Amiens; par l'abbé Proyart. 1 vol. in-12.

VIE DE SAINT BRUNO, instituteur de l'ordre des Chartreux; par Ducreux. 1 vol. in-12.

VIE DE SAINT CHARLES BORROMÉE, traduite de l'italien de Giussano. 2 vol. in-8°.

VIE DE SAINTE CHANTAL; par Marsollier. 2 vol. in-12.

VIE DE SAINTE ÉLISABETH, reine de Hongrie; par le comte de Montalembert. 2 vol. in-12. (R.)

VIE DE SAINT FRANÇOIS D'ASSISE, instituteur de l'ordre des Frères Mineurs; par le P. Chalippe. 3 vol. in-12.

VIE DE SAINT FRANÇOIS DE BORGIA. 2 vol. in-12.

VIE DE SAINT FRANÇOIS DE SALES; par Marsollier. 2 vol. in-12.

VIE DE SAINT FRANÇOIS XAVIER, apôtre des Indes; par le P. Bouhours. 2 vol. in-12.

VIE DE SAINT GRÉGOIRE DE NAZIANZE, archevêque de Constantinople; extraite de ses œuvres; par J. B. Bauduer. 1 vol. in-8°.

VIE DE SAINT IGNACE DE LOYOLA; par le P. Bouhours. 1 vol. in-12.

VIE DE SAINT JEAN DE LA CROIX. 1 vol. in-12.

VIE DE SAINT LOUIS, roi de France. 1 vol. in-12.

VIE DE SAINT VINCENT DE PAUL; par Abelly. 5 vol. in-12.

VIE DE SAINT VINCENT DE PAUL, abrégée de celle de Collet. 1 vol. in-12.

VIE DE VICTORINE DE GALARD TERRAUBE. 1 vol. in-12.

VIE DE VOLTAIRE; par Lepan. 1 vol. in-12.

VIE DU CARDINAL DE CHEVERUS, archevêque de Bordeaux; par M. Huen-Dubourg. 1 vol. in-8°.

VIE DU CARDINAL D'OSSAT. 2 vol. in-8°.

VIE DU DAUPHIN, père de Louis XVI. 1 vol. in-12.

VIE DU P. CLAVER, apôtre de Carthagène et des Indes occidentales ; par le P. Fleuriau. 2 vol. in-18.

VIES DES BIENFAITEURS DE L'HUMANITÉ ; par N. A. de Beaufort. 1 vol. in-8°.

VIES DES DAMES FRANÇAISES les plus célèbres par leur piété et leur charité. 1 vol. in-12.

VIES DES GRANDS CAPITAINES FRANÇAIS ; par Mazas. 4 vol. in-8°.

VIES DES PÈRES, DES MARTYRS ET PRINCIPAUX SAINTS, traduites de l'anglais d'Alban Butler ; par Godescard. 20 vol. in-12.

VIES DES PÈRES DES DÉSERTS D'ORIENT, avec leur doctrine spirituelle et leur discipline monastique ; par le P. Marin. 9 vol. in-12.

VIES CHOISIES DES PÈRES DU DÉSERT. 2 vol. in-12.

VIES DES JUSTES dans les plus hauts rangs de la société ; par l'abbé Carron. 4 vol. in-12.

VIES DES JUSTES dans les conditions ordinaires ; par le même. 1 vol. in-12.

VIES DES JUSTES dans les plus humbles conditions ; par le même. 1 vol. in-12.

VIES DES JUSTES parmi les filles chrétiennes ; par le même. 1 vol. in-12.

VIES DES JUSTES dans l'état du mariage ; par le même. 2 vol. in-12.

VIES DES JUSTES dans la profession des armes ; par le même. 1 vol. in-12.

VIES DES NOUVEAUX JUSTES dans les conditions ordinaires ; par le même. 1 vol. in-12.

VIRGINIE OU LA VIERGE CHRÉTIENNE, histoire sicilienne pour servir de modèle aux jeunes personnes qui aspirent à la perfection ; par le P. Marin. 2 vol. in-12.

VOLTAIRE APOLOGISTE DE LA RELIGION ; par Merault. 1 vol. in-8°.

VOLTAIRE, particularités curieuses de sa vie et de sa mort ; par Harel. 1 vol. in-8°.

VOYAGE A LA GRANDE CHARTREUSE ; par M. Dupré-Deloire. 1 vol. in-12.

VOYAGE AUX ALPES MARITIMES, ou Histoire naturelle,

agraire, civile et médicale, du comté de Nice ; par Foderé.
2 vol. in-8°.

VOYAGE DANS LES HAUTES PYRÉNÉES; par le comte de
Marcellus. 1 vol. in-12.

VOYAGE DANS LE LEVANT en 1817-1818; par le comte de
Forbin. 1 vol. in-8°.

VOYAGE DANS LA VENDÉE et dans le midi de la France; par
M. E. de Genoude. 1 vol. in-8°.

VOYAGE DE SOPHIE ET D'EULALIE au palais du vrai bonheur.
1 vol. in-12.

VOYAGE DU MARÉCHAL DUC DE RAGUSE en Hongrie, en
Transylvanie, etc. 5 vol. in-8°. (R.)

VOYAGE EN ITALIE, topographique, historique, critique, politique et moral; par le baron de Mengin Fondragon. 5 vol.
in-8°.

VOYAGE EN ITALIE; par de Lalande. 8 vol. in-8°.

VOYAGES AU MONT PERDU et dans la partie adjacente des
Hautes-Pyrénées; par L. Ramond. 1 vol. in-8°.

VOYAGE EN POLOGNE, en Russie, en Danemark et en Suisse;
par W. Coxe. 5 vol. in-8°. (R.)

VOYAGES (LES) DE JÉSUS-CHRIST, ou Description des principaux lieux de la terre sainte. 1 vol. in-8°.

VOYAGES DE JEAN CHARDIN. 10 vol. in-8°.

VOYAGES DE POLYCLÈTE.

VOYAGES D'UN JEUNE IRLANDAIS à la recherche d'une religion.
1 vol. in-8°.

VOYAGES DU P. LABAT en Espagne et en Italie, de 1705 à 1720.
8 vol. in-12.

SUPPLÉMENT AU CATALOGUE,

ACTION (DE L') DU CLERGÉ dans les sociétés modernes; par M. Rubichon. 1 vol. in-8°.

ANALYSE DES MERVEILLES DE LA CREATION; par M. Quibel. 1 vol. in-12.

ANECDOTES HISTORIQUES ET POLITIQUES sur la conquête d'Alger en 1830; par M. Merle. 1 vol. in-8°.

AVANTAGES DE L'AMITIÉ CHRÉTIENNE. 1 vol. in-12.

AVENTURES DE TÉLÉMAQUE; par Fénelon, ÉDITION A. M. D. G. 1 vol. in-12.

BIBLIOTHÈQUE POÉTIQUE DE LA JEUNESSE, ou Recueil de pièces et de morceaux de poésies propres à orner l'esprit et à former le cœur; par l'abbé Reyre. Édition corrigée et augmentée. 2 vol. in-12.

CAPRICES (LES) DE LA FORTUNE, ou Vies de ceux que la fortune a comblés de ses faveurs, et de ceux qui ont essuyé ses plus terribles revers; par Richer. 4 vol. in-12.

CHANTS DE L'AURORE, poésies par l'abbé Dupuy. 1 vol. in-12.

CHRÉTIEN (LE) PAR SENTIMENT; par Marabail. 1 vol. in-12.

CHRISTIANISME PRÉSENTÉ AUX HOMMES DU MONDE; par Fénelon, ouvrage recueilli et mis en ordre par M. l'abbé Dupanloup. 6 vol. in-18.

CONSIDÉRATIONS SUR LE DOGME GÉNÉRATEUR de la piété catholique; par M. l'abbé Gerbet. 1 vol. in-12.

CORRESPONDANCE DE SOPHIE; par l'auteur des trois Paulines. 2 vol. in-18.

COURS DE PHILOSOPHIE CHRÉTIENNE; par M. l'abbé Delalle. 3 vol. in-8°.

COUTUMES ET CÉRÉMONIES DES ROMAINS; A. M. D. G. 1 vol. in-12.

DANTE, ou la Philosophie catholique au XIIIe siècle ; par Ozanam. 1 vol. in-8°.

DÉCADENCE (DE LA) DES LETTRES et des mœurs ; par Rigoley de Juvigny. 1 vol. in-12.

DÉLAIS DE LA JUSTICE DIVINE dans la punition des coupables ; par le comte de Maistre. 1 vol. in-8°.

DISCOURS SUR LA LIBERTÉ DE L'ENSEIGNEMENT défendue contre la raison d'État, et contre les préventions défavorables au clergé ; par J. A. Lalanne. in-8°.

DISCOURS SUR LE PROGRÈS DES LETTRES EN FRANCE; par Rigoley de Juvigny. 1 vol. in-12.

ÉGLISE (DE L') GALLICANE; par le comte de Maistre. 1 vol. in-8°.

ÉGLISE (L') DE BRETAGNE; par M. l'abbé Tresvaux du Fraval, vicaire général de Paris. 1 vol. in-8°.

ÉLOGE DE MADAME ÉLISABETH DE FRANCE; par Ferrand. 1 vol. in-8°.

ENTRETIENS D'ANGÉLIQUE pour exciter les jeunes personnes à l'amour et à la pratique de la vertu. 1 vol. in-12.

ENTRETIENS DE CLOTHILDE, suite aux Entretiens d'Angélique. 1 vol. in-12.

ESSAI DE MORALE ET DE POLITIQUE, précédé de la Vie de Mathieu Molé. 1 vol. in-12.

ESSAI HISTORIQUE SUR L'ABBAYE DE CLUNY; par M. P. Lorain. 1 vol. in-8°.

ESSAI SUR LE BEAU; par le P. André. 1 vol. in-12.

ESSAI SUR LE PRINCIPE GÉNÉRATEUR des constitutions politiques ; par le comte de Maistre. 1 vol. in-8°.

ESPAGNE (L') sous Ferdinand VII; par le marquis de Custine. 4 vol. in-8°.

EUGÉNIE, ou l'Empire de la vertu. 1 vol. in-8°.

FABLES DE FLORIAN. 2 vol. in-18.

FASTES (LES) DE LA MARINE FRANÇAISE; par Richer. 2 vol. in-12.

FONDATION DE LA RÉGENCE D'ALGER, histoire de Barberousse, expédition de Charles-Quint ; par MM. Sander Rang et Ferdinand Denis. 2 vol. in-8°.

FRUITS (LES) DE LA SOLITUDE ; par M. le marquis de Chambray. 1 vol. in-8°.

GOUVERNEMENT (DU) REPRÉSENTATIF. 1 vol. in-8°.

GRANDS (LES) HOMMES DE FRANCE ; par M. Théodore Muret. 2 vol. in-8°.

HISTOIRE DES RELIGIEUSES CARMÉLITES de Compiègne, conduites à l'échafaud le 17 juillet 1794. 1 vol. in-12.

HISTOIRE DU BRÉSIL, depuis sa découverte, en 1500, jusqu'en 1810 ; par Alph. de Beauchamp. 3 vol. in-8°.

HISTOIRE DES DÉSASTRES DE SAINT-DOMINGUE. 1 vol. in-8°.

HISTOIRE DU MONDE ; par MM. Henri et Charles de Riancey. 4 vol. in-8°.

HISTOIRE ET TABLEAU DE L'UNIVERS ; par M. Danielo. 4 vol. in-8°.

HISTOIRE DES FRANCS ; par le comte de Peyronnet. 2 vol. in-8°.

HISTOIRE DE PARIS ; par Théodore Muret. 1 vol. in-12.

HISTOIRE DE JEANNE D'ARC ; par Lebrun des Charmettes. 4 vol. in-8°.

HISTOIRE DE LA LIGUE ; par le P. Maimbourg. 2 vol. in-12.

HISTOIRE DU CARDINAL DE RICHELIEU ; par Aubery. 4 vol. in-12.

HISTOIRE DE LA NOUVELLE-FRANCE ; par le P. Charlevoix. 2 vol. in-12.

HISTOIRE DE SAINT-DOMINGUE ; par le P. Charlevoix. 2 vol. in-12.

HISTOIRE DE LA LOUISIANE ; par M. Barbé-Marbois. 1 vol. in-8°.

HISTOIRE DE LA CONJURATION DE MALET ; par l'abbé Lafon. 1 vol. in-8°.

HISTOIRE DE LA MAISON DE BOURBON au trône d'Espagne, par Targe. 6 vol. in-12.

HISTOIRE D'ALLEMAGNE, depuis les temps les plus reculés, jusqu'en 1838 ; par Kohlrausch, traduite par Guinefolle. 2 vol. in-8°.

HISTOIRE DE LA MAISON D'AUTRICHE, depuis la fondation de la monarchie jusqu'à la mort de Léopold II ; par W. Coxe. 5 vol. in-8°.

HISTOIRE D'ITALIE; par Targe. 4 vol. in-12.

HISTOIRE DE LA CONJURATION DE RIENZI; par le P. du Cerceau. 1 vol. in-12.

HISTOIRE DE LA RÉPUBLIQUE DE VENISE; par le comte Daru. 8 vol. in-8°. (R.)

HISTOIRE DU DANEMARK; par Mallet. 9 vol. in-12. (R.)

HISTOIRE DES DUCS DE SAXE; par le baron d'Espagnac. 2 vol. in-8°.

HISTOIRE DE CHARLES XII, roi de Suède, *édition de Poussielgue*. 1 vol. in-12.

HISTOIRE CIVILE ET RELIGIEUSE DES LETTRES LATINES aux IVe et Ve siècles ; par J. Collombet. 2 vol. in-8°.

HISTOIRE POLITIQUE, anecdotique et littéraire du Journal des Débats; par Nettement. 1 vol. in-8°.

HISTOIRES MORALES ET ÉDIFIANTES; par madame Joséphine Junot d'Abrantès. 2 vol. in-12.

INSPIRATIONS RELIGIEUSES, poésies. 1 vol. in-12.

LETTRES D'UNE MÈRE A SON FILS SUR LA RELIGION; par l'abbé Monet. 3 vol. in-12.

LETTRES DE BOSSUET. 4 vol. in-8°.

LETTRES SUR L'ORIGINE DE LA CHOUANNERIE et sur les chouans du bas Maine; par Duchemin de Scepeaux. 2 vol. in-8°.

MANUEL DE PHILOSOPHIE, ou Éléments historiques et théoriques de philosophie chrétienne; par M. l'abbé Delalle. 1 vol. in-8°.

MÉLANGES DE PHILOSOPHIE, d'histoire et de littérature; par l'abbé de Féletz. 6 vol. in-8°.

MÉMOIRES relatifs à l'histoire de France.
- de Joinville.
- du maréchal de Boucicaut.
- de du Guesclin.
- de Christine de Pisan.
- de Jean Juvénal des Ursins.
- de Monstrelet.
- de Matthieu de Coussy.
- d'un bourgeois de Paris.
- concernant la Pucelle d'Orléans.
- de Philippe de Commines.
- d'Olivier de la Marche.

MÉMOIRES de Jean Bouchet.
—   du loyal serviteur.
—   de Guillaume de Marillac.
—   de la Marck de Fleuranges.
—   de Blaise de Montluc.
—   du maréchal de Vielleville.
—   de Gaspard de Saulx de Tavannes.
—   de du Villars.
—   de la Chastre.
—   de Guillaume de Saulx de Tavannes.
—   de Castelnau.
—   de Philippe Hurault.
—   de François Rabutin.
—   du duc d'Angoulême.
—   du vicomte de Turenne.
—   du maréchal de Villeroi.
—   de Pierre de Lestoile.
—   de Michel de Marillac.
—   de Pontchartrain.
—   du cardinal de Richelieu.
—   de Pierre Lenet.
—   du marquis de Montglat.
—   de la Rochefoucauld.
—   d'Omer Talon.
—   du maréchal de Villars.
—   du maréchal de Catinat.
—   de Forbin.
—   du maréchal Antoine de Grammont.

MÉMOIRES SUR LA RÉVOLUTION DE FRANCE, de 1789 à 1830; par le comte de Vaublanc. 4 vol. in-8°.

MÉMOIRES SUR LA GUERRE DE LA VENDÉE en 1815; par le baron Canuel. 1 vol. in-8°.

MÉMOIRES SUR LA RÉVOLUTION FRANÇAISE depuis son origine jusqu'à la retraite du duc de Brunswick; par le marquis de Bouillé. 2 vol. in-12.

MÉMOIRES POUR SERVIR A L'HISTOIRE DE LA RÉVOLUTION D'ESPAGNE; par M. Nellerto. 3 vol. in-8°.

MÉMOIRES DU COMTE FORTUNÉ GUYON DE ROCHECOTTE; par Alph. de Beauchamp. 1 vol. in-8°.

MÉMOIRES POUR SERVIR A L'HISTOIRE DES CACOUACS ; par Moreau. 1 vol. in-12.

NOUVEAUX (LES) PETITS BÉARNAIS ; par madame de Lafaye-Bréhier. 2 vol. in-12.

ŒUVRES DE LOUIS RACINE, édition Geoffroy. 6 vol. in-8°.

ŒUVRES CHOISIES DE LEFRANC DE POMPIGNAN. 2 vol. in-12.

ŒUVRES DE M. DE BELZUNCE, évêque de Marseille. 2 vol. in-8°.

PAROLES MÉMORABLES, recueillies par Brotier. 1 vol. in-12.

PENSÉES D'UN CROYANT CATHOLIQUE, ou Considérations philosophiques, morales et religieuses, sur le matérialisme moderne, etc. ; par P. J. C. Debreyne. 1 vol. in-8°.

RÉVOLUTION (DE LA) D'ESPAGNE et de son 10 août en 1820-22 ; par Alph. de Beauchamp. 1 vol. in-8°.

SÉRAPÉON (LE), épisode de l'histoire du IVe siècle ; par Ch. Brasseur de Bourbourg. 1 vol. in-8°.

SOUVENIRS DE LA CONGRÉGATION DE NOTRE-DAME, ou Vies de plusieurs jeunes élèves de la maison dite des Oiseaux. 1 vol. in-12.

SOUVENIRS D'UN VOYAGE DANS LE BAS LANGUEDOC, le Comtat et la Provence ; par M. de Montrond. 1 vol. in-12.

TRIOMPHE DE LA MÈRE DE DIEU sur l'hérésie ; par un catholique du Havre. 1 vol. in-16.

UN MARTYR, ou le Sacerdoce catholique à la Chine, poëme en cinq chants, tiré des Annales des Missions étrangères ; par M. l'abbé Aubert. 1 vol. in-16.

VIE DE MADAME DE MAINTENON ; par Caraccioli. 2 vol. in-12.

VIE DE MADAME CLOTHILDE DE FRANCE. 1 vol. in-12.

VIE DE LAURENT DE MÉDICIS ; par W. Roscoë. 2 vol. in-8°.

VIE ET PONTIFICAT DE LÉON X ; par W. Roscoë. 4 vol. in-8°.

VIE DE LA MÈRE DE CHANGY, religieuse de la Visitation d'Annecy. 1 vol. in-12.

VIE DE P. D'AUBUSSON ; par le P. Bouhours. 2 vol. in-12.

VIE DU B. PIERRE FOURRIER. 1 vol. in-12.

VIE DE SAINT LOUIS DE GONZAGUE et de saint Stanislas de Kotska. 1 vol. in-12.

VIES DES PLUS ILLUSTRES MARINS ; par Richer. 1 vol. in-12.

www.ingramcontent.com/pod-product-compliance
Ingram Content Group UK Ltd.
Pitfield, Milton Keynes, MK11 3LW, UK
UKHW021129140726
13695UKWH00004B/1799